U0007433

存股輕鬆學

4年存300張金融股，每年賺自己的13%！

超人氣存股部落客

孫悟天——著

存股＝財務自由＋享受人生

我是《七龍珠》的忠實讀者，主角孫悟空是我的偶像。孫悟天則是孫悟空的兒子，父子倆小時候的長相幾乎一模一樣，共同的特徵是對新鮮的事物充滿好奇，活潑單純，而且威力強大。

《七龍珠》一開始描寫身為下級戰士的幼年孫悟空，如何克服一關關的挑戰，最後成為超級賽亞人的故事。這個故事很引起我的共鳴，因為在那個時代的我，剛踏入社會，深深體會到「為五斗米折腰」的辛酸，但是藉由不斷的勤奮工作，加上堅持長期投資股票，在二十幾年後的今天，我終於達到了財務自由、海闊天空的境界。

投資股票其實不難，只要掌握前面寫到的孫悟天特質即可：

1. 好奇：雖然說股市是搖錢樹，每年發放超過 1 兆台幣的現金股利；但是股市一樣會吃人，不少人傾家蕩產。我看過很多人被恐懼心淹蓋，躲開股市遠遠的，雖然逃避了傷害，但也推開了希望。股市造就了多少的億萬富豪，難道你沒有好奇心嗎？其實只要具備正確的投資知識，股市將會改變你的人生。

2. 單純：孫悟天專注在「官股金控」，這就是「單純」。官股金控不可能倒閉，只要持續買進，並將股利持續投入，這個單純的投資方法，就可以幫你達到財務自由。

3. 威力強大：我目前持有約 1,000 張的金控股票，每年領取上百萬的股利，已經超過我一年的薪水。我不用上班辛苦工作，就可

以自由自在享受人生，這就是存股票的威力了！

投資股票的原理就是「靠好公司幫我賺錢」，公司必須要有持續的獲利，並且能夠穩定的發放股利，這種公司對投資人來說，就是「長期飯票」。

另外一個要點是「本金安全」，官股金控有中央銀行當靠山，而且業務範圍廣大，想要不賺錢都很難，絕對不可能倒閉變成壁紙。投資官股金控的股票，只要把握簡單的三個重點：1. 股價不漲就安穩領股利，2. 便宜時多買一點，3. 長期投資，靠複利來加值。只要持續不斷的投資官股金控，你就會有不一樣的未來。

二十幾年來，我靠著穩定的投資，幫自己從一個辛苦操勞的上班族，化身為超級賽亞人。投資其實不難，專心存好股票即可。「存股」的好處就是容易「複製」，人人皆可存股。但是踏入股市前，還是要先建立正確的知識，請記住，股市一樣會吃人的！「書中自有黃金屋」，閱讀其實是最有價值的投資，不僅可以幫助自己避開股市的陷阱，更可以提昇自己的戰鬥力。很高興有機會幫《存股輕鬆學》撰文推薦，並誠摯把這本好書分享給大家。

《我用 1 檔 ETF 存自己的 18%》作者　　陳重銘

專家好評推薦

　　與其短期暴賺，不如跟著悟天老師學存股，悟天老師捨棄天天操盤賺價差，研究股票價值才是累積資產真功夫。

—— 豐彥財經執行長　謝晨彥博士

賠 2 百萬到資產 7 百萬，
我只靠存股翻轉財富

4 年來，我從股市中的敗將，蛻變成今日累積 7 百萬股票資產的小確幸一族，只因悟通一個道理，且聽我慢慢道來。

∷ 先了解股票投資的本質

有一個水滴，從空中掉落後匯聚到小河流中，沿途經過高山、樹林，它很開心能看到這些景象並且在心中想著，等等一定可以看到大海了，經過跋山涉水，沒想到事與願違，這條河流最後居然流到一片沙漠，小水滴發現周遭的夥伴漸漸地消失在沙漠之中，心中十分著急自己是否沒辦法到達海洋。最後，小水滴也變成水蒸氣消失了。

水蒸氣十分的難過自己已經不是小水滴，居然沒辦法流向海洋，這時身旁有個聲音告訴它：「你會那麼堅持自己是小水滴或是一條河流，那是因為你不夠了解自己，不論是小水滴或是水蒸氣，其實本質都沒有改變。」

在股市投資中也是如此，如果回歸到股票投資的本質，「你會那麼堅持價格投資 (低買高賣)，是因為不夠了解股票的本質」。

所謂的股票本質應該是由投資人出錢，當公司的股東，公司拿著從股東手裡籌措到的資金，用這些資金努力的去創造利潤，藉由年度結算分紅給股東，而這正是股票一開始的本質，投資人投資公司當股東，公司獲得資金擴張業績，獲得的利潤按照持股比例發還給股東。但是很多投資人到後來卻喜歡操作價格投資，依據「八二法則」來看，在股市中只有 20% 的投資人賺得到錢，80% 的投資人賺不到錢，甚至賠錢，且長久來說，這 20% 賺到錢的投資人，又很容易再被前端 5% 的投資人把錢賺走！

　　那在股市中，是否有更簡單的投資方式？可以讓投資人賺到錢？悟天嘗試著用淺顯、易懂的說法，讓投資人重新了解股票的本質，了解存股到底在存什麼，相信當你知道存股的內涵之後，就能重新檢視自己的投資方式是否正確，並在股市中獲取應有的利潤。

　　這本書不談論高深的經濟學原理，也不涉及困難的價格投資，而是希望藉由淺顯易懂的說明，讓大家了解其實存股可以很簡單！

∷ 我也曾在股災時慘賠出場

　　1998 年，我第一次踏入股市，那時，還是個對於股票渾然不懂的新手。不知哪來的傻勁，自認為在金融市場中，股票應該是很容易且最快賺到錢的投資方法。那一年，省吃儉用存了 2 萬元，看著報紙上股市的版面，覺得憑藉自己的聰明才智，一定可以在股海中無往不利，因此，買進人生中第一張股票日月光 (2311)。

　　果然，新手入行就有得到裝備的好運，在沒看過股票 K 線圖、

未研究過任何指標，及公司基本面各項數據的情況下，盲目買進，居然還賺錢。當時進帳 2,000 元 (10％)，馬上請同學吃飯；好的開始讓我信心滿滿，覺得自己往後一定可以在股市中持續豐收。之後為了鑽研股市，開始練習看 K 線，學習技術指標、KD、RSI、MACD 等等，始終是大賠小賺，無法拿出真正獲利的成績單。

隨著時間推移，資金投入越來越多，槓桿操作也越玩越大，開始學著使用融資、融券，並且想要多空皆做，兩面都賺。但 2008 年的金融海嘯，淹沒了我所有的自信，看著帳面虧損日益擴大，終於把心一橫，在 2010 年慘賠殺出，出清手中所有持股。

那一年，面對著房貸和養家的雙重壓力，我確認了一件事，就是股市非我輩生存之地。整整 4 年，我不敢再投資任何一檔股票，覺得股市像個會吃人的殺戮戰場，能不進去就別進去。

直到 2014 年，接觸存股相關的知識，看了許多書籍 (從《富爸爸‧窮爸爸》、《用心於不交易》、艾蜜莉、存股不敗教主陳重銘、老農夫、樂活大叔的著作、到所有網路上眾多關於價值投資的觀念) 後，突然間，彷彿發現新大陸般，原來以前並非真正的投資股票，而是一種投機行為！

存股的頓悟發生於承認自己無法預判股價高低點的那一刻開始。

∷ 4 年前開始存股，人生和財富大不同

從 2015 年 1 月開始，我重新用存股的觀念投資第一金控 (2892)，初次下手就達 120 萬元，金額頗大，買了 60 張第一金。4 年來，陸

續加碼，現在擁有 313 張 (2019 年)，不僅賺回之前十年的虧損，持有的成本也因為年年配股利，而愈降愈低，投資的本金就像金雞母一樣，持續生股子和股孫給我。

對我的生活及家庭來說，最大的改變，是不用提心吊膽時時在盯盤，亦無須擔心股價的高低起伏，只要安安穩穩緊握資產，一邊賺股利，一邊悠閒享受人生。

當初買進第一金的成本是 18.6 元，現在平均一張只要 12.8 元 (2019 年)。我並非大戶，從第 61 張開始，就是按照存股買賣 SOP 準則買進。如果要說獲利，鐵定比不上存股的大咖與前輩們，他們投入的時間更早，更能享受存股的豐沛成果，但如果一直不開始，就永遠只能羨慕別人在 40 歲時，已經擁有財務自由。

以我投入的時間和資金來說，非常適合分享給小資存股族運用。不管你的本金多少，只要開始起步，選好股、給它一些時間，相信我，存股絕對是可以託付終身的投資方法。

:: 存股的成功模式是可以複製的

我們看到很多財經書籍都會一再強調，跟著我的方法就可以在股市中賺取豐厚利潤，但有時候只是倖存者偏差 (註)。簡單的說，它並不是每個人都可以任意複製的結果；並非作者或文案說謊騙人，而是一般人較難獲得和他一樣的經歷和過程，然後完全成功複製其經驗。

原本分享存股經驗的起心動念，只是想蒐集各種理財資訊，整

我的存股階段，4 年存到 300 張第一金（2892）

目標
▼
1000 張

313 張

200 張

120 張

2015 年
低於目標價
買進

金融海嘯過後，
受到存股教主陳
重銘啟發，開始
注意金融股，其
中第一金表現出
色，於 18.6 元布
局買進，經除權
息後，成本降至
16.8 元。

2016 年
獲利後不斷
加碼買進

此時已持有 200
張，每年約配股
利 1 元，持續投
入存股帳戶裡，
成本降至 14.88
元。

2017 年
～ 2019 年
持續買進

這三年已持有
313 張，每年約
配股利 1 元，持
續投入存股帳戶
裡，成本降至
13.91 元。

2019 年
繼續
進場布局

因為將每年配發
的股利相繼投
入，所以持有的
成本降至 12.8 元
左右，並打算長
期擁抱。

未來目標 ➤ 存到 1000 張第一金，每年
領 100 萬元股利，提早退
休，享受人生。

理成能教導給子女的財商，讓他們少走一點冤枉路。後來在三大存股社團中，用淺顯、易懂的方式，分享存股的觀念，獲得許多好評，進而成立「孫悟天存股」部落格、粉絲團以及 Youtube 頻道，與粉絲們一起討論存股心得及解答各種疑難雜症，獲得不小的迴響，讓我有信心再將此經驗，整理成人人可用的 SOP 模式，造福更多讀者。

　　只要真正懂得存股價值，就會發現書中的方式非常簡單，而且人人適用。我衷心希望能藉由《存股輕鬆學》，讓小資族們也能在股市中建立正確的投資觀念，一步一步邁向財富自由。

孫悟天

註：倖存者偏差（survivorship bias），是一種認知偏差。簡單來說，我們往往看到的書籍，都是在股災中因為某些被忽略的事情，所留存下來的倖存者出版的書籍。看了之後，就以為可以複製這樣的經驗，達到相同的境界，但這種偏差會導致各種錯誤結論。例如：蘋果賈伯斯因為勇於挑戰體制所以成功，我們如法炮製也想要跟賈伯斯一樣。卻忽略了賈伯斯是因為成功才被廣為人知，而其他那些勇於挑戰體制卻失敗的人，並不會被人所知。這種方式稱為倖存者偏差。

CH 1　翻轉觀念篇

第 1 章　存股前必須先搞懂的 4 個觀念

CH 2　存股實戰篇

第 4 章　存股勝率百分百的 5 個心法

第 5 章 ｜ 破解存股 10 大常見疑問

快速掃描存股
10 個優點

存股是什麼？
存股就是買進「穩定」的金融股（如官股銀行），
減少買賣，得到股利，再持續買進，
利用複利效應，
每年的獲利率，大於定存 13 倍！

存股比定存獲利
高10倍以上

　　因為通貨膨脹日益嚴重，錢放在銀行只會越來越薄。而且銀行也是拿你的錢去投資，然後把投資所得的一小部分，發放給你當作利息。我常說：「如果你願意把錢放在銀行，覺得這樣的投資風險低，為何不直接投資獲利穩當的銀行呢？」

　　讓我算給你看：

　　把錢定存在一銀和買第一金當存股作比較，定存每年利率大約1.05%，但是買進第一金股票每年年化報酬率大約6%，這中間的差異如下：假設本金都是 10 萬元，一邊放定存 1.05%，並把利息持續投入定存複利，另一邊則是買進存股，並把每年股利複利繼續買。

　　20 年之後，定存只有增加約 2 萬 3 千元，存股卻增加了 22 萬元左右，一來一往差了將近 10 倍，看完之後，你還想把錢放在銀行定存嗎？一起來做存股族吧！

定存 VS. 存股

年分	定存一銀	定存利率 1.05%	買進 第一金控	殖利率 6%
第 1 年	100000	1050	100000	6000
第 2 年	101050	1061	106000	6360
第 3 年	102111	1072	112360	6742
第 4 年	103183	1083	119102	7146
第 5 年	104267	1095	126248	7575
第 6 年	105361	1106	133823	8029
第 7 年	106468	1118	141852	8511
第 8 年	107586	1130	150363	9022
第 9 年	108715	1142	159385	9563
第 10 年	109857	1153	168948	10137
第 11 年	111010	1166	179085	10745
第 12 年	112176	1178	189830	11390
第 13 年	113354	1190	201220	12073
第 14 年	114544	1203	213293	12798
第 15 年	115747	1215	226090	13565
第 16 年	116962	1228	239656	14379
第 17 年	118190	1241	254035	15242
第 18 年	119431	1254	269277	16157
第 19 年	120685	1267	285434	17126
第 20 年	121952	1280	302560	18154
	123233 元		**320714** 元	

 存股大勝定存！

20 年後，資產相差 3 倍，每個月的獲利則差了 10 倍以上！

投資門檻低，
人人都買得起

存股是眾多投資工具裡，門檻最低的一種方式之一。

以金融股的第一金來說，一股大約只要 20 元，去知名咖啡店喝一杯咖啡可以買 8 股，和朋友吃個下午茶能買 30 股，去餐廳享受一頓大餐就可以買到 50 股。在琳瑯滿目的投資方式中，進入存股門檻相對容易，特別適合小資族。

只要能省下平時的不必要消費，將這些小錢投入存股，轉而幫自己賺錢，比起投資買房動輒上百萬的頭期款來說，更容易達到目標。

一杯星巴克咖啡 = 8 股第一金股票

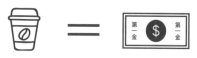

一頓下午茶 = 30 股第一金股票

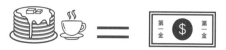

買存股超簡單
不需要絕世武功

　　存股真的很簡單，人人都可以做到，只要你懂得存股的三要素：「本金、時間、降成本」，不需要高深的技巧，也不用絕世的武功，就可以在股市中賺到應得的利潤。

　　這樣簡單的投資觀念，可惜的是，從小學到研究所卻都沒有教，所以還有許多人不知道存股的美好，這種知易行易的賺錢財商，你還不趕快學起來？

存股 SOP

| 買進好股 | → | 等著生
股子股孫 | → | 持續買進同樣
的好股 | → | 生更多股子股孫

不用做什麼
穩穩賺！ |

存股就是小資族的斜槓收入

小資族賺錢辛苦，總是希望老闆能幫忙加薪，但現在薪水不漲，萬物卻一直漲，加薪談何容易？與其苦苦等待老闆的佛心，何不自己幫自己加薪？存股就是一個很好的方法。

如果每個月投入 5,000 元存股，以投資報酬率 6% 計算，等於每年加薪 3,600 元，平均每個月 300 元；雖然剛開始看起來很少，但若持續每個月投入 5,000 元，第三年約可獲得股利 1,1460 元，平均每個月加薪約 1,000 元，這可能比跟老闆爭取加薪還快速，而且持續投入，股利也會繼續增加。

存股 20 年後，每年約可領取 13 萬元的股利，而這還是每個月投入 5,000 元的狀態，若每個月投入金額能多一些，得到的股利就更多。

此外，「斜槓」一詞最近也十分流行，意即想辦法培養第二專長，以增加收入。存股也可以算是斜槓的一種，它所需要的專長只要信心和時間，就能讓你斜槓出被動收入，所以存股加薪就是如此美好，非常適合小資族！

獲利算一算！

每個月投入 5 千元和 1 萬元的存股比較表

年分	每個月5000且持續投入	投報率6%	平均每月獲利	每個月10000且持續投入	投報率6%	平均每月獲利
第 1 年	60000	3600	300	120000	7200	600
第 2 年	123600	7416	618	247200	14832	1236
第 3 年	191016	11461	955	382032	22922	1910
第 4 年	262477	15749	1312	524954	31497	2625
第 5 年	338226	20294	1691	676451	40587	3382
第 6 年	418519	25111	2093	837038	50222	4185
第 7 年	503630	30218	2518	1007261	60436	5036
第 8 年	593848	35631	2969	1187696	71262	5938
第 9 年	689479	41369	3447	1378958	82737	6895
第 10 年	790848	47451	3954	1581695	94902	7908
第 11 年	898299	53898	4491	1796597	107796	8983
第 12 年	1012196	60732	5061	2024393	121464	10122
第 13 年	1132928	67976	5665	2265857	135951	11329
第 14 年	1260904	75654	6305	2521808	151308	12609
第 15 年	1396558	83793	6983	2793116	167587	13966
第 16 年	1540352	92421	7702	3080703	184842	15404
第 17 年	1692773	101566	8464	3385546	203133	16928
第 18 年	1854339	111260	9272	3708678	222521	18543
第 19 年	2025600	121536	10128	4051199	243072	20256
第 20 年	2207135	132428	11036	4414271	264856	22071
	2399564	143974	11998	4799127	287948	23996

（註：單位／元）

優點 5	與其他投資相比，穩定而安全

● 存股 vs 基金

以往我們認為，股票市場很難懂，不如把錢投入基金，讓基金管理人幫我們理財，只要支付少許的管理費，就可以不用再煩惱投資這件困難的事，開始享受獲利。

但是深入研究後發現，通常績效好的基金，搭配的是選股正確的基金管理人，而會賺錢的基金管理人，卻常被挖角跳槽到其他公司大展長才；一般來說，持有基金越久，基金管理人異動的次數就越多，獲利根本沒有保障。

如果你曾經投資過基金，也關注過它的績效，就會發現今年績效好的基金，明年不見得好，去年績效最差的基金，在今年反而躍升到前十名。所以，如何選擇基金，似乎比挑選好的存股標的來得困難，何不選擇簡單就可以獲利的存股呢？

● 存股 vs 外匯

外匯買賣需要大筆金額以及高度的金融知識，也要時常關心匯率，偶爾波動劇烈時，還要當機立斷馬上處理，心思必須時時刻刻放在盤面上，比較適合資產大的族群及專業人士投資，較不適合上班族。

● 存股 vs 房地產

房地產買賣資金需求更大，且目前政府打房正熱，時不時可以看到投資客認賠、斷頭賠售的新聞；此外，照顧房子也不會比較輕鬆，若是租給房客，還會擔心他們是否能善待自己的物件，以及能否準時交租金。

相較來說，還是存股簡單些！只要把資金投入存股，由公司中的專業人士幫忙好好經營管理，並把每年獲利盈餘分紅給身為股東的你，何樂而不為呢？

存股與其他投資比較

項目	股票	基金	匯市	房地產
資金門檻	很低（零股）	定期定額 3000 元	有一定金額	最少幾百萬
脫手時間	2 天入帳	約一周入帳	快速	很慢（數月到數年）
部分賣出	可	可	可	不可
差異性	靈活	投資標的不明確	有手續費和匯差	區域差異性大

不用擔心虧損，存對股風險很低

買股票風險高，但存股風險低。我建議的存股標的，都是政府持股成分高的股票（俗稱官股），不像一般的公司營運風險大。買進存股以前，我想給讀者的觀念是，不要想著如何賺錢，而是先試著做到不賠錢。因為賺錢太難，身為用錢一分一毫都得計較的薪水階級，絕對禁不起股票的大筆虧損。

在這樣的前提下，我選擇買進官股銀行的股票，風險極低，因為如果連這類型的存股都倒閉，那可能連中華民國也蕩然無存，所以存股的風險，相較於其他類型的股票來說是安全的。

依據股市的八二法則（註），在股票市場中 80% 的人都是賠錢的。而存股，除了能讓你不賠錢，還可以持續賺錢，原因之一就是它的風險極低！

註：八二法則（Pareto principle），原意指約僅有 20% 的變因操縱著 80% 的局面。股市中則是指 20% 的人賺錢，80% 的人賠錢。

不用每天盯盤，安心賺「被動收入」

對於想投資股票的小資族來說，每天忙著上班，哪有時間可以一直關心大盤走勢？如果在上班時看盤，被主管或老闆發現，還會以為你在打混摸魚，小心連工作都不保。

但是，小資族仍需要投資理財。存股就是個好方式，它的優點之一就是不用每天看盤，因為存股是要「長時間」持有股票，並獲得該公司的分紅以及資本利得，對於沒有辦法時常看盤，或是不懂技術指標操作的人來說，存股完全符合這些要素。

就因為存股的標的很穩定，不需要在盤中殺進殺出賺取價格上的利潤，既能專心上班，又可以獲得被動收入，講了這麼多優點，你還不認真去存股？

無論股價漲跌，
皆能安然自在

一般人都知道股票要賺錢是低買高賣，但是說真的，大多數的人根本做不到，散戶反而都是高買低賣，看著大漲時拚命跟進，一跌就趕緊賣出，因為這是人性，也是投資股票會賠錢的通病。

存股反而可以不受市場因素干擾，原因在於存股族累積持股時間後，成本會逐漸降低，這時如果股價下跌，也不會擔心，因為成本比股價還低。

有經驗及有資本的存股高手，甚至還可以在低檔時加碼，抓住下跌時機，加快存股速度；也因為存股族能做到不受市場干擾，當然勝過「八二法則」中 80% 的輸家，而成為 20% 的贏家一族！

優點 9　抱住好股等於養一隻金雞母

　　自從養成存股習慣後，在買任何物品之前，都會先仔細想一想，是否可以把錢省下來，再買進存股讓好公司幫我賺錢。存股之後，會開始精打細算，不再輕忽每一筆小錢的力量，花費自然之前少了許多。也因為有穩定的被動收入，又不需要花時間照顧，相對之下有更多的時間陪伴家人、小孩，獲得更好的生活品質。

　　存股後，你會發現，3 年開始有感覺，5 年小有成就，10 年讓你覺得它是件美好的事物，20 年投資則有可能使你財富自由。雖然存股不可能快速致富，但是可以學習好觀念，保持堅定的信心，記住，穩定的公司長抱 20 年也不要放手，就跟抱住金雞母一樣，牠可以每年生金雞蛋給你，你只要顧好牠就行！

提早財富自由的夢想

　　早日達到財富自由是每一個人的夢想，但你有想過要怎麼開始呢？存股族要達成上述願望其實很簡單，只要按著存股買賣 SOP，藉由提早買進存股，延緩買進負債，一步一步累積，就能提早圓夢。

　　試想當你有一天持有 1,000 張第一金的股票，每年配息約 120 萬元時，代表每個月的被動收入大約是 10 萬元，光是領股利就能支付生活的開銷，還綽綽有餘呢！不要覺得不可能，很多存股達人都是一點一點開始累積，盡早投入，更能早日達成目標。

　　存股就像養一隻金雞母，不僅年年會下金蛋，可以帶給你財富自由，且能交棒給下一代，當他們的富爸爸(媽媽)，為了提早退休享受人生，讓我們從此時此刻開始學習如何存股吧！

讀者獨享

獨享 1 **存股影音輕鬆學**

從觀念到實際的存股步驟教學，
5 個簡單法則，讓你在茫茫股海中，
選出讓你穩穩賺的存股標的，
不看盤也能輕鬆投資！

獨享 2 **存股三大實用表格**

這是我平常使用來計算
存股適合買進、賣出表格，
也能清楚算出存股的成本，
特別分享給讀者。

(小叮嚀：請用電腦開啟檔案，才能進一步操作及設定。)

CH 1

翻轉觀念篇

踏進存股這一條線，等於踏進財務自由的起點

第 1 章

存股前必須先搞懂的 4 個觀念

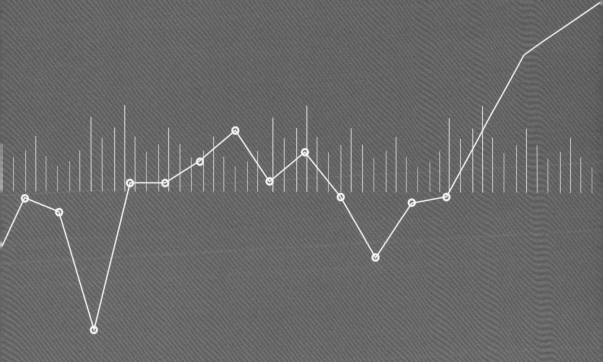

1-1 看清股市零和遊戲的真面目

:: 價格投資 vs. 價值投資

在進入「存股」的議題之前，我想先談一個嚴肅的話題，亦即股市中的「零和遊戲」（註1），或許有點冗長，卻希望大家能看清股市輸贏的關鍵，才能對「投機」的玩法徹底死心。

你有玩過麻將嗎？在四方之城拚得不眠不休，戰個殺聲隆隆之下，是否有誰曾經想過，其實總籌碼就是四個人的錢加起來而已，假設每個人帶1萬元入場，最贏的那個人就是賺走其他三人的3萬元，那乾脆猜拳比輸贏，誰贏就把錢拿走就好，何必還要玩通宵呢？因為趣味就在廝殺的過程。

在股市中獲利的方式，不外乎有兩種：一種是「價格投資」，也就是我們俗稱的「低買高賣」，亦稱為「價差投資」。一種是「價值投資」，也就是最近常聽到的「存股」。

「價格投資」賺錢的速度快，投報率又高，很容易就會受到投資人的青睞，而這種獲利方式，通常是在買賣之中做征戰，而且和

麻將一樣，是個「零和遊戲」，利益總和為零或一個常數，換句話說，你賺的是別人賠的錢，別人賺的也有可能是你賠的錢！

在價格投資的模式之下，大家各顯神通，爾虞我詐，因為不是你賺我賠就是我賺你賠，所以最好的情況，就是我賺錢你賠錢。

請運用這個觀點，試想一個很簡單的邏輯問題：「在價格投資當中，如果你知道有一種方法，可以穩賺不賠，你會願意把這個方法教給別人嗎？」

如果你的邏輯推理能力還不錯，我想答案肯定是：「不會！」

理由十分簡單，如果我懂這種穩賺不賠的方式，一定默不吭聲，安安靜靜地自己賺錢就好，除了至親好友之外，絕對不會跟其他人透露一丁點的風聲。萬一教會了你，而你也用這個方法賺錢，你賺的就很有可能是我賠的，那不就變成我的競爭對手，因此，我這麼做，豈不是在樹立自己的敵人嗎？

註 1：零和遊戲 (zero-sum game)，又稱零和博弈或零和賽局，與非零和遊戲相對，是博弈論的概念。在零和遊戲中，各方是不合作的。也可以說，自己的幸福是建立在他人的痛苦之上，就和黑白郎君的台詞：「別人的失敗，就是我的快樂」一樣，輸贏兩者的大小完全相等，因而雙方都想盡一切辦法以實現「損人利己」。零和遊戲的例子有賭博、期貨和選舉等。

要記住，「別人的失敗，就是我的快樂！」價格交易市場就是零和遊戲，越多人賺錢，相對代表我賠錢的機率就越大。

:: 誰在股市真正賺到錢？

假設，很多人跟我學習某個投資法，並且真的賺到錢時，依據零和遊戲的法則，如果有超過 50% 的人，甚至 80% 的人都因為這個方法而賺到錢，那麼，這些人賺的是誰賠的錢呢？

或者是這 80% 賺錢的人，稀釋掉原本豐厚的利潤，讓我賺得比之前還要少。當這個方法有太多人學會，到後來……一定也會變得不靈驗或是利潤相對減少。

這也就是很多的技術指標剛出現時都很神準，但是越來越多人知道並且運用之後，此項技術指標就會產生很多不確定性的因素，沒辦法百分之百準確。

:: 贏家公式，散戶未必能複製

其實，我認為在股市中大賺的人才還是會有，但他們通常花了許多時間在研究股票，研究技術線型，研究公司的基本面、財報、新聞、籌碼等等，這些都不是一般人可以輕易模仿的，也不是散戶能輕鬆複製的方式。

也許有人會問：「那我可不可以無師自通呢？」

當然沒問題。股票市場中常有傳說中的高手，運用某種方法賺進龐大的財富，但這些人通常不會說也不會教，畢竟傳授出去，無形中就會樹立敵人，爭搶自己的獲利，或是太多人知道之後這個方法就失靈了。

而這種人常常是「盤感」超級敏銳的人，並非一般散戶可以做到的境界，也就是不容易被複製。

:: 零和遊戲中，誰是真正的贏家？

在零和遊戲中，誰才是真正的贏家？答案肯定不是小資族的你我，因為一般價格投資者，最普遍的方法就是看新聞做股票，然而這種方法買賣股票卻是最危險，因為股票價格主要是跟著公司的業績走，所以誰最先掌握公司的第一手資料，誰就能取得先機。

真正的第一手訊息，早就被有力人士 (資金龐大的金主)、公司決策者 (高階主管) 搶先一步知悉；在股海中的人都聽過一句話：「千線萬線不如一條電話線 (內線)」。你覺得在價格投資中，有辦法搶先或贏過這些大戶嗎？

就算被你猜對，嘗到一次甜頭，也難保不會在下一回合的價格投資操作中，因為資訊的不對稱與落後，又把獲利給吐回去了呢？

:: 一則故事，道盡股市的殘酷現實

在網路上也流傳著一個有趣的故事，它是這麼說的：

從前，有一個商人來到一處村落，村子周圍的山上全是猴子。商人就和村子裡耕田的農民說：「我要買猴子，100 元一隻」。

村民不知是真是假，試著抓猴子給商人，商人果然依約給了100 元。於是全村的人都去抓猴子，因為這比耕田輕鬆得多了。

很快的，商人買了兩千多隻猴子，山上的猴子已經越來越少了。

商人這時改出價 200 元買一隻猴子，村民們見猴價翻漲，便又紛紛結伴去抓猴子，商人又買了一千多隻猴子，但現在猴子已經很難抓到了。

商人又出價 300 元買一隻猴子，猴子幾乎都抓不到了。

這時商人喊到 500 元一隻，但是山上已經沒有猴子，三千多隻猴子都在他那裡。

某天，商人說自己有事要先回城裡，他的助手對農民們說：「我把猴子用 300 元一隻賣你們，等商人回來，你們再用 500 元賣給商

人，這樣就發大財了。」

村民像發瘋了一般，甚至把鍋砸了賣鐵匠，湊夠錢，把三千多隻猴子全買了回去。

後來，助手帶著錢走了，商人再也沒有回來。

村民等了很久很久，他們堅信商人會回來用 500 元買猴子，但始終等不到他的蹤影，終於有人忍不住了，猴子還要吃香蕉，這些都需要錢啊。於是村民就把猴子放回山上，不久後，山上仍然到處是猴子。

這則故事中的村民，如果有人擁有第一手的資訊，例如到村外打聽，根本沒有人會用這麼高的價格收購猴子，就不會被騙。但因為資訊被商人（大戶）壟斷，造成資訊不對稱，所以村民們只能任人宰割。

:: 大戶吃肉，散戶能分杯羹？

「那我跟著大戶買，總可以了吧？」看到大戶吃肉，我在旁邊喝點湯，分一杯羹，這樣總能跟著賺錢吧？是的，看起來這個方式是可行的，但是，你確定在這個價格交易市場，真的能佔到便宜嗎？

當大塊肉已經被大戶吃掉，股市只剩下「小賺」和「大賠」兩種可能性。所有散戶要在小賺跟大賠之中廝殺，你跟對方一買一賣才有可能交易，且雙方都想要小賺，不想要大賠。但是，值得玩味的是，在你下單要買進時，為什麼會有人跟你想的不一樣，他選擇賣出，所以這筆買賣才能成交？

你跟對方擁有相同的資訊，看到一樣的新聞，了解同一家公司的近況，你覺得要買，對方卻覺得要賣，你覺得要賣，對方卻覺得要買，難道對方是傻瓜嗎？

在剛剛的故事中，不知道你是否察覺到問題所在，當助手跟村民說，我把三千隻猴子賣給你們，每隻 300 元，你們再用 500 元賣給商人，這樣就能發大財時，村民怎麼沒想過，如果這是真的，助手就自己買下來再賣給商人不就好了？幹嘛還要給村民賺？

同樣的，在買股票的當下，是否曾經想過，如果這支股票這麼好，怎麼還會有人要賣呢？

這樣看來，想要在價格投資市場中賺到錢，真的非常不容易，而這也正是為什麼長一輩的人時常告誡我們要遠離股市，因為大部分散戶的錢都被大戶賺走了呀。

雖然新聞中時常會看到令人驚嘆的故事，例如退休的王先生投

資眼光精準，今年在股票市場中海撈二千萬；上班族小張逆向操作、大膽買進，從中獲利頗豐，既買房又買車等等。但是，長時間下來，這些獲利還是會吐回給股市中獲得第一手資訊的大戶。

所以，當你聽到股票分析節目中有老師說：「我今年又賺了幾百趴，數字翻了好幾倍！」如果還會心動，代表尚未理解這個簡單的邏輯道理。當你看透原理，並且了解之後，就不會被表面的數字給沖昏頭了！

∷ 跟著老師走，一定能發大財？

在股市浮沉這麼多年，我觀察到市場上存在著兩種價格投資的老師：一種不是真心要教你功夫，而是希望藉由你加入會員（待宰羔羊），把你的籌碼當作其他高階會員獲利的來源。

簡單來說，要出貨時，高階會員會先收到要賣出股票的簡訊，在什麼價位掛賣單，同時間低階會員也會收到通知，說要在同一個價位進貨買進。真相是殘酷的，因為高階會員的股票可以成功地移轉到低階會員手上，他賺到錢了，你卻哭了。

另外一種，是真心想教你功夫的好老師，遇到這種老師是福氣，但剛剛的邏輯思考問題已經教大家想過，如果投資人都學會這個招式，有 50% 以上甚至更多的人賺到錢了，那麼是誰賠錢了呢？此外，

越多人知道，競爭對手只會有增無減，這樣還能確保用相同的方式獲利嗎？

所以，在進入存股操作前，請讀者先了解以下三件事情，才能知道為什麼要存股。

 存股小語錄

你都敢把錢存在銀行，為何不敢買銀行股來存？

1-2　遠離股票戰場，不用管它漲或跌

　　為什麼要遠離股票戰場？乍看之下會解讀成股票市場是個危機四伏的戰場，所以我們要遠離它，也就是「不要買股票」。

　　因為時常聽到家人、鄰居以及周遭的朋友告訴我們，隔壁老吳最近在股票市場輸了一大筆錢，以致夫妻失和，老婆還正在跟他打離婚官司；同事小李因為做股票融資遇到股災大跌，不但資金被斷頭出場，連房子都被銀行查封抵押，聽說太太已經搬回娘家找金援。聽到這些「慘狀」之後，實在很符合遠離股票戰場的說法。

　　但我所要強調的重點是「戰場」這兩個字，指不要「在股市中和人廝殺」，不要進行「零和遊戲」，而是穩穩地賺取應得的報酬，慢慢地累積財富！

　　一直以來，大家都以為投資股票只有「賺價差」，其實不然。大部分的人投資股票，最直接的方法就是低價買進，再高價賣出，賺取中間的利潤，過程稱之為「交易」。所以，在刻板印象中，以為股票市場都是靠價格「交易」，來賺取價差獲得利潤的。

但是，「交易」就是「戰場」，透過「交易」賺錢並不容易，不用我說，相信很多人都有慘痛的親身經驗。其實，在股市投資根本無須進入「戰場」才能賺錢，尤其是「存股」之後，反而要遠離「交易戰場」。

:: 同樣的資訊，為什麼有不同解讀？

因為每一筆交易（一買一賣成交時）形成的當下，都同時存在兩個不同思維的人，一個是買進時認為目前股價在低檔，所以買了之後期待股價會上漲，來賺取價差利潤的人；一個是賣出時認為目前股價在高檔，所以賣了之後以為股價會持續下跌的人。

不知大家是否想過，這兩種想法南轅北轍，但是他們卻可能看過相同的新聞，大費周章研究同一支股票的 K 線圖以及技術型態，也都做了相當程度的功課，為何最後卻會做出兩種完全不同的決策呢？因為凡事都可以有兩面解讀：

例如一間公司公布營收之後，
▶「營收增漲」造成股價上漲叫做「利多反應」，
▶「營收增漲」結果股價下跌叫做「利多出盡」；
▶「營收衰退」造成股價下跌叫做「利空反應」，
▶「營收衰退」結果股價上漲叫做「利空出盡」。

同樣都是「營收增漲」的訊息卻有不同的解讀。因此，在股票市場中，想要用「交易」方式賺錢時，你能確認賣給你或是向你買股票的對方，一定比你不認真，做功課的時間絕對比較少，或者比你還笨？不懂得怎麼去解讀新聞？

　　如果深入了解之後，就可以知道股市中每一則訊息，就像上述的營收一樣，都存在兩面的解讀，同樣的新聞報導也可以有截然不同的看法，同款的 K 線型態也能有多種解釋，這就是股市難以捉摸之處。

:: 不是你賠錢，就是別人賠了

　　要從股市戰場賺到錢，如果沒有一身的絕世武功，實在很困難。所以，就要想辦法遠離它，因為在這個過程中，你賺的錢原則上是從另一方賠錢而來，而對方當然也想賺回來時，就必須想方設法讓你賠錢。

　　短期交易是一種零和遊戲，當我賺了 5 萬，勢必有人賠了 5 萬，反之亦然。參與遊戲的雙方都不傻，所以一點都不好賺。

　　以第一金的股票來舉例，假設它每股原始股價是 10 元，我用 25 元去買，這個過程中有人賺了我多付的 15 元，至於這 15 元是換了幾手，或中間是誰賺是誰賠就不得而知，此乃零和遊戲。

股市交易零和遊戲的運作模式

A 持有股票商品 10 元 1 張	
A 賣給 B 價格在 15 元	A 賺 5 元
B 賣給 C 價格在 20 元	B 賺 5 元
C 賣給 D 價格在 25 元	C 賺 5 元
D 賣給 E 價格在 30 元	D 賺 5 元
E 賣給 F 價格在 23 元	E 賠 7 元
F 賣給 G 價格在 17 元	F 賠 6 元
G 賣給 H 價格在 25 元	G 賺 8 元
H 持有 1 張 25 元的股票	

25-10=15

這是不管中間轉幾手，假設 A 直接賣給 H，價差就是 A 賺走 15 元，也就是中間價差 15 元

5+5+5+5-7-6+8=15

但我們透過上面的流程知道，A 並沒有直接賺 15 元，經由中間的轉手，股價的價差也是 15 元

:: 以一打十，你是股市中的葉問嗎？

其實，股票交易往往比零和遊戲更為殘酷。只要你有買或賣的交易行為，都要繳交手續費 (1.425 ‰) 以及交易稅 (3‰)，長期來說，這不只是一場零和遊戲而已，遲早會變成負和遊戲。

　　你知道嗎？越是頻繁的交易，所產生的手續費和交易稅金額就越多，輸的機率就越大，負和遊戲的現象越是明顯。

　　因此，遠離交易、遠離頻繁買賣、遠離股票戰場是存股前必須先知道的第一件事情。

　　一定有人會說：「可是賺價差一天就能賺很多，存股很慢，要存到什麼時候？」他們覺得存股的人很傻，速度這麼慢還在存，不如馬上賺差價好，但你能保證價差可以天天賺嗎？我保證存股就可以。

　　周星馳的電影《唐伯虎點秋香》中有句經典台詞：「別人笑我太瘋癲，我笑他人看不穿！」這也就是存股者的心理寫照。

　　當你看穿了價格投資是股票市場中的交易戰場，你確定自己真的能跟葉問師父一樣，一個打十個？真的能贏過獲得第一手資訊的大戶？

　　如果沒有十足的把握，還不如不要打！

把錢放在定存，獲利抵不過通膨

前文提到既然股票戰場這麼恐怖，希望投資人速速遠離，那乾脆不要買股票就好，穩穩地把錢放在定存不是最為妥當嗎？

如果你的想法是這樣，那可能忽略了通膨 (註 1) 的影響。通膨這個怪獸一直不斷地在侵蝕你我的資產，我們必須要有比定存還高績效的投資工具才能打敗它。

舉例來說，我小時候科學麵一包是 5 元，現在是 10 元，以前夜市牛排一客是 70 元，現在則是 130~140 元。消費者物價指數 (註 2) 不斷的增長，可是薪水卻停滯不前。

註 1：通膨 (inflation) ，亦稱通貨膨脹，係指一般物價的持續上漲。也就是物價上升，貨幣購買力下降的現象。通貨膨脹是經濟學名詞，並無法定衡量指標，一般常用消費者物價指數（CPI）年增率來衡量通貨膨脹率。

註 2：消費者物價指數 (consumer price index) 亦稱為 CPI，在經濟學上，是反映與人生活有關的產品及勞務價格，所統計出來的物價變動指標，以百分比變化為表達形式。它是衡量通貨膨脹的主要指標之一，一般定義超過 3% 為通貨膨脹，超過 5% 就是比較嚴重的通貨膨脹。

十年前，假設你的月薪是 28,000 元，可以拿來買 5,600 包的科學麵或 400 客的牛排，現在同樣的薪資卻只能買到一半的物資。薪水沒有增加，可是物價卻不斷在上漲，這是現實。

我們努力存下一絲一毫，把資金放在定存，雖然有利息，但遠遠追不上通膨的速度，最終的結果還是會和薪資一樣，慢慢地被通膨給侵蝕掉。

再看看定存利率的歷史走勢圖 (如 53 頁)，每幾年都會往下調整，1988 年時，一年期的定存利率還有 5%，目前只有 1.07%，你還會認為錢放定存是個穩當的方式嗎？因此，學習投資是低利時代每個人必要具備的財商。

∷ 窮人買進負債，富人買進資產

非常可惜的是，投資這門重要功課，學校並沒有教。理財的觀念通常是在家庭中傳承，除非各位原本就有個富爸爸，否則很難從小建立起正確的投資理財觀念。

知名暢銷書《富爸爸．窮爸爸》(註 3)，書中精準點出，富人和窮人的思維差異，在於富人有了收入就會買進資產，進而創造出更多的收入，之後再買進更多的資產，依此循環下去，越來越富有；窮人有了收入則是買進負債，卻讓資產不斷縮水。

窮爸爸和富爸爸的運作模式差別

窮人資產配置

收入
↓
支出
↓
負債 →

富人資產配置

收入
↓
支出
↓
資產

　　這裡的窮人和富人不見得是指收入或資產的多寡，而是思維上的差異。

　　舉例來說：窮人一有錢就買進車子 (負債)。當他升遷、收入變得更多之後，買進更豪華更先進的車子，那他買的就是負債。或者原本住 30 坪的房子 (負債)，有了更多存款、收入之後，買了更寬敞的大房子，但其實他買的還是負債。

註 3：《富爸爸‧窮爸爸》（Rich Dad Poor Dad）是由羅伯特‧清崎和莎朗‧L‧萊希特合著，以提倡「財務智商（財商）」的教育，而成為暢銷書。

台灣歷年來定存利率表

一年期定存利率 (%)

台灣銀行一年期定存利率		台灣銀行一年期定存利率	
年份	利率	年份	利率
1988	5.00	2004	1.53
1989	9.25	2005	1.99
1990	9.50	2006	2.20
1991	8.25	2007	2.64
1992	7.75	2008	1.42
1993	7.63	2009	0.90
1994	7.30	2010	1.14
1995	6.80	2011	1.36
1996	6.05	2012	1.36
1997	6.08	2013	1.36
1998	5.55	2014	1.36
1999	5.00	2015	1.07
2000	5.00	2016	1.07
2001	2.50	2017	1.07
2002	1.88	2018	1.07
2003	1.40	2019	1.07

● 富人想的是如何增加收入

富人不是不買車子和房產，而是他更善於購買資產（創業、房產、證券）。藉由資產創造被動收入並持續投入購買資產，像是將房產另外收租，創造更多收入。

因此，當你不懂得如何為自己創造被動收入，你永遠只能用薪水購買負債，過著被錢追的日子；就算你什麼都不買，把錢存下來也是會越來越薄，因為通膨怪獸時時刻刻都在侵蝕著大家的資產！

根據《天下雜誌》的報導，中研院院士朱敬一曾披露，台灣前10% 富人所得 4 分之 1 來自股利，近 6 成是薪資，房地產買賣等資本利得佔14%。但是隨著所得愈來愈高，薪資所得比重就愈來愈低。到了最有錢的 0.01%，高達 7 成來自股利所得，換句話說，在台灣愈有錢的人，愈不靠薪水過活。

所以啊，有錢人買資產，窮人買以為是資產的負債。而且這和收入多寡無關，而是一種「觀念」。因此學習投資前要先翻轉觀念，才能翻轉腦袋。

:: 學會投資，讓自己成為富爸爸

曾經在網路上看到一則笑話，內容是有一位網友自述自己成功買房的過程：

「我是個很自主有為的青年，努力認真工作 10 年之後，終於買下人生第一間價值 3,000 萬的房子，而且完全沒有貸款！靠的是這 10 年來自己拚命節省所存下的 20 萬，再加上爸媽給我的 2,980 萬。」

看完這則笑話之後，不免覺得自己這麼辛苦的省錢，還不如有個有錢的老爸，學會投資不如學會投胎！

換個角度思考一下，各位以後也可能是別人的父母，怎麼讓資產擴大這件事情，為什麼不是從我們這一代開始做起呢？沒有富爸爸，沒關係，要想辦法讓自己變成兒女的富爸爸，而不是「負爸爸」喔！

就算目前只是小資族，薪水也不多，或者以後不打算生小孩的頂客族，學會投資可以讓自己的生活品質變得更好，怎麼能不認真看待呢？

● 存股與其他投資工具比一比

理財投資的方式有很多種，股票、房地產、債券、創業、基金等等，並不是非得投資股票才叫做投資。

只是購買房地產的門檻比較高，需要準備較多的資金，對於小資族的你我來說，並不容易進入；債券、基金有時因為商品緣故，

無法讓人清楚知道購買的投資內容；自己開設公司獲利大，但相對風險也較高，有時還需要親自管理，且創業失敗的機率也不小。

相形之下，股票進入的門檻比較低，適合小資族投資，但到底要怎麼做呢？其實，要遠離股票戰場，又想投資股票而穩賺不賠，方法還是有的。我們可以選擇存股，依理論來說，它是股市中的「正和遊戲」（註4），可以讓你投資的公司和自己的荷包都獲利的方法。

:: 投資好公司，一起加入「富酬者聯盟」

存股是什麼？簡單說，有三個口訣：「買、等、養」。

你買進 A 公司股票，而 A 公司運用你投入的資金，努力創造出好的盈餘表現，在獲利之後按照持股比例分配給股東，而你因為投資 A 公司的股票，因此參與公司的分紅，進而得到應有的報酬，這種公司賺錢、你也獲利的互利方式，就是「存股」。

註4：正和遊戲，指某些戰略的選取可以使各方利益之和變大，同時又能讓各方的利益得到增加，可能出現參加方相互合作的局面。在股市中意指各方皆獲利的一種方式。

存股的投資模式：「**買、等、養**」

1・**買**：當你買進一家好公司的股票，成為它的股東。

2・**等**：等著公司替你賺錢配息。

3・**養**：長抱好股，養一堆股子股孫。

因此，只需要選擇有價值、穩定成長的公司進行投資，平常關心一下該公司的獲利表現、營運狀況就行了。

你會發現以前賺價差時，總是戰戰兢兢擔心明天的股價是否下跌，或花大把的時間看收盤後資訊，還要檢視外資、投信的買賣超，下班了再打開電腦查詢 K 線圖或價量表現，晚上吃完飯還要繼續追蹤財經頻道，深怕自己錯過任何一條重要資訊，睡覺前還得關心美股走勢，隔天睡醒後趕快了解美股收盤行情，上班前再用網路查詢最新財經訊息，然後帶著忐忑的心情去上班。

存股之後，以上這些事都不會發生。因為它們都是短期因素，股價最終還是會跟著長期的業績走。

就像是主人牽著小狗散步一般，主人代表公司業績，小狗就是股價，當主人往前，顯示公司業績增長，那小狗也會跟著主人前進；當主人往後，意謂公司業績衰退，那小狗還是會跟著主人後退。小狗有時走在主人前面，有時走在主人後面，但不論如何，牠都不會離開主人。

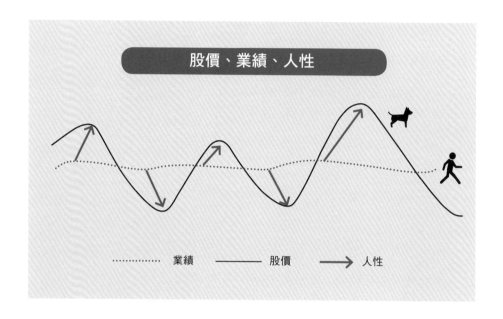

存股的關鍵在於選擇好公司後，持續將複利滾入投資，創造更多複利，就能讓自己變成「富酬者聯盟」的一員。

如上圖，我們可以發現，股價都是跟隨著業績起伏走勢，業績就像主人，股價就像小狗，不論小狗怎麼走，一定在主人的前後附近，而牽繩就是人性，人性往往在氛圍好時看得更好，氛圍壞時看得更壞。

:: 小資學存股，報稅更有利

　　小資族存股還能節稅，報稅更有利。以一個月薪 40,000 元的上班族來說，若存入年配息率 6% 的商品，分別以 100 萬、200 萬、300 萬和 800 萬來計算，因為目前股利可抵扣稅額為 8.5%，可抵扣金額上限為 8 萬元，因此原則上股利總額在 94 萬元以下，都可以抵稅。

薪資、存股所得扣除額概算

	0 存股	100 萬存股 6%	200 萬存股 6%	300 萬存股 6%	800 萬存股 6%
薪資所得	480000	480000	480000	480000	480000
股利所得	0	60000	120000	180000	480000
合計	**480000**	**540000**	**600000**	**660000**	**960000**
免稅額	88000	88000	88000	88000	88000
一般扣除額	120000	120000	120000	120000	120000
薪資特別扣除額	200000	200000	200000	200000	200000
合計	**408000**	**408000**	**408000**	**408000**	**408000**
所得稅額	72000	132000	192000	252000	552000
稅 (5%)	3600	6600	9600	12600	28440
可抵扣稅額 (股利 8.5%- 上限 8 萬)	0	-5100	-10200	-15300	-40800
繳（退）稅	**3600**	**1500**	**-600**	**-2700**	**-12360**

800 萬存股 6% 的所得稅額，因為超過 54 萬元，以 12% 稅率計算。

從上表可以發現，當存股金額越大時，實際繳交稅金卻越少，甚至退稅金額越大。所以對於小資存股族來說，買進存股除了可以賺取股利之外，每年參與除權息，還能抵扣所得稅，真的是很棒的一種理財方式。

此表的最後有高達 800 萬元存股，是因為它的配息金額已到 4 萬元，等於薪資金額，也就是不工作的狀態下，依然可以領取上班所賺取的金額，是不是很誘人？又或者可說成存股的人一天雖然一樣工作八小時，但他卻領有相當於工作 16 個小時的薪水。

相較於大戶們或是高資產族群，因為稅率提高的關係，還要考慮是否參加除權息，小資族們存股更為有利。

我們已經知道要遠離股市戰場，而為了避免資產被通膨吃掉，小資族更要懂得存股，利用長期持有、持續複利滾入資金，獲取公司分紅，得到比定存更好的報酬，擴張自己的資產並對抗通膨。

提醒：
股利所得計算方式 = 現金股利 + 股票股利，
其中股票股利的金額是配股股數 x 票面價值，而非股票現值計算。

舉例說明：

若第一金股價為 21.3 元除權息

配發現金股利 1.1 元，股票股利 0.1 元

股利所得計算為：

→除權息後股價是 20 元

→配發現金 1,100 元和股票 10 股

→現金股利 1,100 元 + 股票股利 10(股)x10(元)=1,200 元

 悟天存股小筆記

　　在報稅時，夫妻股利所得可以分開計算，但小孩股利所得，會自動匯入到夫妻雙方薪資較高者一方合併計算。

　　因此，若為夫妻共同存股，可協議由薪資低者的證券帳戶買進，但若用小孩帳戶存股，則一樣匯入薪資高的一方合併計算，並沒有比較優惠喔！

1-4　存股就是用錢買時間

在正式進入存股操作的章節以前，還有一個很重要的思維。這個思維若沒有建立，你對於存股的信念就不夠穩固，很有可能會半途而廢、前功盡棄。

我想多花一些篇幅說明「金錢」和「時間」的關係，相信當你了解資本主義運作的流程後，就會知道原來存股搭配時間有多麼重要。請大家務必仔細閱讀，若可以的話，也要把它分享給自己的家人和朋友。

:: 富人都選擇用錢買時間

用錢購買時間 (Money is Time)？聽起來有些奇妙，但真的可以做到，而且富人都選擇這麼做。

有個人買了一間價值 600 萬的房子，若只有買房付貸款自住，那就是《富爸爸・窮爸爸》一書中所提到的「窮人買進負債」概念。但是他買房之後，把這間房子出租給房客，在收取租金的過程中，

其實就是在花錢買房客的時間，因為他可以拿到現金流，買房就可視為買進資產，就算是房子還有貸款也沒關係。

進一步解釋，房東用 600 萬元，買了一間房子出租給房客，租金每個月 2 萬，一年收租 24 萬元，平均年報酬率 4%。

假設房客的月薪是 4 萬元，每個月領到薪水之後就要拿出薪資的 50%(2 萬元) 給房東，換句話說，房客每天上班 8 個小時，其實有一半的時間 (4 小時) 是在為房東工作。

這就是我所說的「Money is Time」，房東拿 600 萬去買了房客 4 小時的工作時間，買店面出租收租金的模式也是同樣的道理。

:: 跟富爸爸學獲利模式

這種投資模式有什麼好處呢？

一般小資族是花自己的時間去賺錢，上班的工作時間都可以被老闆用金錢去計算，不論你領到的是月薪還是時薪，都是拿工作時間去換取金錢，而拿時間去換錢的財富一定會受到限制。

上帝很公平，不管你今天是富還是窮人，每個人一天的時間都只有 24 個小時，也就是拿時間去換錢的人，最多，一天也只能拿

出 24 小時來賺錢。

以上述的房客來打比方，原本一天工作 8 小時，一個月的月薪是 4 萬元，如果他可以一天工作 24 小時的話，就可以達到月薪 12 萬，雖然薪水是增加了，但是……沒人做得到。

富人的做法就不同了，他是拿錢投資後去換取別人的工作時間，這樣的思考方式不受一天只有 24 小時的限制，甚至還可以突破一天 24 小時！

例如，剛剛提到的房東，也許他自己每天還在花 8 個小時上班，月薪假設也是 4 萬元，但他投資不動產出租給房客，每個月獲得房租 2 萬元，也就是他買了房客 4 個小時的時間在幫他工作！

● 你是用 8 小時，還是 24 小時在賺錢？

如果今天他的資產多一些，名下總共有 5 間房子，每間都收租 2 萬元，月收租金共 10 萬元，房東就等於是買了 5 位房客每個人各 4 小時、總共 20 個小時的工作時間，加上他原本自己工作的 8 小時，這個房東就變成每天有 28 個小時都在工作賺錢！

嚇人吧！有資產的人每個小時都在賺錢，每當夜深人靜，我們在睡覺時，他在睡夢中居然還是在賺「睡」後收入！

因此，在資本社會裡，窮人的思維是拿時間去換錢，因為受限於一天只有 24 小時的關係，所換取的報酬比較少；但是富人的思維是拿錢去換別人的工作時間，因為不受一天 24 小時的限制，所以可換得的收益反而更多。

:: 省下一杯咖啡，當第一金的股東

有的讀者會問：「我的資金不夠多，又買不起房子，怎麼做可以和房東一樣買別人時間呢？」

買好股票就能做得到！例如第一金控 (2892) 一股 20 元，你在知名咖啡店買一杯咖啡花了 160 元，這 160 元是咖啡店員工花時間賺取你的錢，何不把錢省下來買 8 股第一金控的零股，去當它的股東，而讓整間金控的員工幫你賺錢呢？

一開始股數少的時候，可以買到的時間比較少。所以慢慢存，當股數越來越多時，可以買到的時間就由少變多啦。

金融顧問大衛‧巴赫也曾提出「拿鐵因素」，他提及有一對夫妻，每天早上必喝一杯拿鐵咖啡，看似很小的花費，30 年累積下來竟高達 70 萬元。

● 積少成多，可有可無的花費很可觀

人們在每天生活中，如買杯咖啡般可有可無的習慣性支出很多，像一杯拿鐵咖啡 160 元，一年下來就是 58,400 元，10 年就是 58 萬 4 千元，這樣的花費足夠支應很多必要支出。因此大衛‧巴赫才會說：「錢的問題通常不在於收入太少，而在於開銷太多！」

一杯飲料就可以買 8 股第一金控，除了當股東之外，還可以改變自己的消費習慣，減少不必要的花費，一天少喝一杯咖啡，一年就可以省下 58,400 元。這些錢可以藉由存股投資，去擁有別人的時間來幫你工作，不是更棒嗎？

假設持續購買第一金控 (2892) 股票，存了 100 張，若今年配現金股息 1.2 元的話，那就代表一年可以領到 12 萬元現金，如果你一個月薪資 4 萬元，第一金的配息 12 萬元，如同每個月幫你加薪 1 萬元。

當你有 200 萬元去當第一金控的股東，用錢去買它全體員工的工作時間來幫你賺錢，換算下來，和這些員工每天幫你工作 2 小時的道理是一樣的！

● 當投資收入比薪水高，就能財務自由

當你資本慢慢擴大，可以買到的時間就會越來越多！等到有一天，你的存股可以買到 8 個小時的工作時間，甚至更多的時候，這不就取代了原本的薪資，你不用工作也可以獲得一樣的報酬，這才是真正達到財務自由。

鴻海前董事長郭台銘先生，以及台積電前董事長張忠謀先生，持有鴻海股票和台積電股票這麼多，公司員工也都是上萬名起跳。他們每個月付給員工薪水，讓每位員工每天工作 8 個小時幫公司賺錢，而這幾萬名員工也幫他們賺進更多的鈔票，這不也正是花錢去買別人時間的概念嗎？

升斗小民一天是 24 小時，大老闆一天是 8 萬個小時以上（如果以 1 萬個員工，每天工作 8 小時計算）。當然，我們沒有大老闆的資本，但是卻可以藉由買進好公司的股票分一杯羹。所以，存股存的不是股票的價差，而是在買股票公司員工的時間。

∷ 存股存的是時間，時間等於報酬

當我的第一金控股票已經存到 300 張，每年配 1.2 元，我可以領到配息 36 萬元，扣除休假日，平均分配給 250 個工作天，也就是第一金的全體員工，每天幫我這個小股東賺了 1440 元。

比起做價差的時賺時賠，每天穩賺 1440 元，不是很輕鬆嗎？而且隨著時間越久，持續投入資金越多，持有股數越大，可以買到的時間就更多，得到的現金流也倍數成長。

　　記住！擁有什麼樣的思維，就會變成什麼樣的人
　▶ 如果像窮人一樣思維，也會變成窮人
　▶ 如果像富人一樣思維，也會變成富人

　　倘若你一直不進場存股，充其量也不過是在為股東打工而已，台股的股東正用錢買我們的時間，去努力為他們工作。不進場，我們就沒辦法顛覆這個立場！

　　在進入下個章節之前，我們已經知道存股前必須先搞懂的四件事情：1. 看清股市零和遊戲的真面目。2. 遠離股票戰場。3. 小資族更要懂存股。4.Money is Time ！用錢買時間。當你在存股路上，遇到阻礙時，建議再把這四個觀念好好的複習一遍，相信你對於存股的操作會更有信心。

悟天存股小筆記

在台股中，外資其實就是最大的存股族。他們持股佔比大約 40%，以 2018 年台股配發股息 1.44 兆來說，其中約 5,700 億都被外資拿走了。

外資持有這些股票已經很長一段時間，早就已經領過不知道幾次的配股配息，真正的持有成本，已降到不知比現價低了多少，就算每天都不買賣，每年也可以獲利約 5,700 億元。而 2019 年台股配息 1.43 兆，代表外資領得和去年差不多，將是股市中最大的贏家！

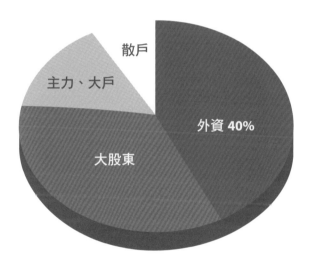

外資是股市中的大贏家

第 2 章

存股的 3 個頓悟：
慢慢來比較快

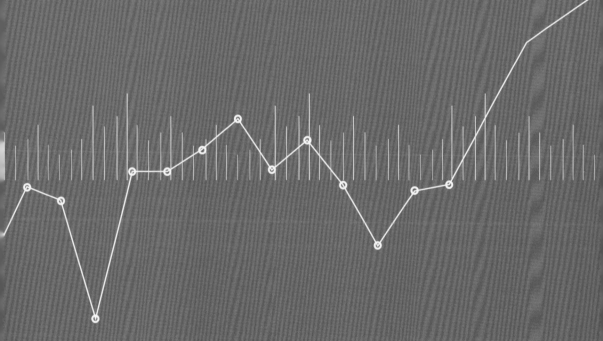

2-1 存股不會讓你 快速致富

什麼是存股？簡單來說，有點像是定存，但跟定存又不太一樣，存股的思維，是從價格投資轉換成價值投資，很難用單一種方式去界定它，以下讓我用三個特性來詮釋什麼是存股。

存股的第一個特性就是「不會讓你快速致富」。

看完第一個特性很多人就想放棄了吧，因為悟天居然說存股不會「快速致富」。拜託，如果不能快速致富，那有什麼好講的？先別激動，請讓我娓娓道來，不會讓你快速致富的存股，絕對是件好事。

金融學上有所謂「72 法則」，用作估計將投資倍增或減半所需的時間，反映出的是複利的結果。所謂的 72 法則，就是把 72 當作分子，報酬率當作分母，得到的結果就是「翻倍需要的年數」。

→假設投資 1 萬元，複利 6% 的商品，資產要變成 2 萬元的時間需要 12 年（公式為 72/6=12）。

→當你將錢放在銀行定存，定存利率目前約是 1.05% 左右，你

的資產翻倍則需要 68.5 年（公式為 72/1.05=68.5）。

所以，任何告訴你短期內資產可以翻倍的方法，其實都是屬於高風險的做法！

:: 判斷真假存股的訣竅

如果有人告訴你，利用存股可以讓資產馬上翻倍，甚至「快速致富」，那可能是在騙你。

也許，他的做法不只是存股而已，更可能的是打著存股的旗號，教你做價格投資的操作，因為只有這樣，才能有辦法快速致富。但，這不就是「掛羊頭賣狗肉」的行為嗎？

在悟天的認知中，存股是一種讓個人資產更有效益增漲的投資方式，例如：你選擇一個殖利率 6% 的股票作為存股標的，並進行存股的操作，那資產翻倍的速度，依據 72 法則，需要 12 年。

12 年資產才能翻一倍，雖然比放在定存的 68.5 年，縮短了 4/5 的時間，但應該還稱不上是「快速」致富的方法。

2-2 無須考驗人性，是最佛系的理財術

股市中要能快速致富有兩個辦法，第一是靠價格投資，第二是剛好買到飆股才行。

價格投資也就是前文所提到的股票戰場，這是我們要遠離的環境，避之唯恐不及，怎麼還能用這種方式來投資呢？

第二種則是剛好買到飆股，做了短期價格投資。可能性有多大呢？讓我分析給你聽。假設某股股價從一開始持有的 10 元漲到 50 元，之後又回檔到 20 元，再漲到 100 元，又回檔到 40 元，再漲到 150 元，你會買在哪？賣在哪？

大多數買到飆股的人，都沒有辦法賺取整段的獲利，運氣好的賺到一小段，甚至還有人明明買到了，最終卻還是賠錢出場，為什麼？

就算股票大漲，還是有人賺錢，有人賠錢，且依據八二法則，賺錢的人比較少，而賠錢的人比較多，所以你確定自己買到飆股就

一定會賺錢？還是幾乎都是賠錢出場？為什麼低買高賣和買到飆股會抱不住，這是因為「人性」！

:: 敢逢低加碼，你就是股市中的 Superman

人性喜歡趨吉避凶，不論心理建設多強，股災來襲，股價接連重挫，甚至低於淨值時，往往伴隨著是業績難看或是公司遭遇到打擊，大環境不好的壞消息一波接著一波，讓所有在當時買股票的人，都會認為自己是笨蛋。每個持有股票的人，都恨不得在股價下跌以前，就先出脫手中所有的持股。

回想 2008 年的金融海嘯，很多公司放起無薪假，你還得擔心工作飯碗是否會受到牽連，哪有心情想要再加碼買進股票呢？

如果有人在股市大跌時告訴你：「大膽買進股票，要反市場操作」、「要人棄我取，要能毅然決然大量的收購」、「要懂得低檔買進，甚至應該借錢投資」。說真的，除了超人般的信心和勇氣之外，還得違反人性才做得到！

如果你能在如此糟糕的外在環境，以及心理壓力之下，還持續砸錢買股，說真的，你不需要了解存股，因為你可以違反人性，在股市低檔時大量買進，在股市高檔時大量賣出，早就是股市中的常勝軍。

這不是一般人可以做到的，像我就很明確知道自己做不到，但我還是有辦法在股市中賺取利潤喔。

:: 翻轉觀念，存股根本不必違反人性

當我自己承認，無法在股市中用低買高賣的價差方式賺取利潤時，那一刻其實就是徹底的頓悟。

我開始知道應該遠離交易戰場，應該遠離價格投資，應該轉換成價值投資，選擇一間好公司，用「時間」降低持有的成本，達到我要買的價格，因為用時間等待是不違反人性的！這種存股買賣方式，因為不違背人性才容易被複製，是一般人可以學習操作的！

● 以買第一金為例

假設，在 2014 年買進第一金控 (2892) 時，股價為 19.4 元左右，當時淨值是 16.4 元，所以購買時相對高價，但沒關係，因為兩年後，成本會變成 17 元。

理由是第一金控每年大約配息 1.2 元，可以告訴自己，雖然買在 19.4 元，經過第一年配息 1.2 元，成本就會變成 18.2 元，第二年再配息 1.2 元後，成本也低到 17 元。

只要繼續持有，把當時買進的 19.4 元，想成預約買在兩年後的 17 元，就不算高了。那時第一金的淨值在 16.4 元附近，股價越接近 16.4 元，就是好的買點。

因為無法預判股價的高低點，而且也不確定下一次股災時，它是否可以跌到 16.4 元。如果預測成真，你還不一定有勇氣買進。

反正要買第一金的預算，放在定存兩年也沒多少利息，不如用存股的操作方式，讓我確認可以買到 17 元的第一金！這樣子的想法，才不違反人性！

也因為這樣，每次在看盤時，價格往往不是我能不能買進的標準，而是以能持有多少的「時間」，能降多少的成本為考量！

● 把存股當成在存儲蓄險

以存股和儲蓄險來比較，6 年期定期儲蓄險要綁約 6 年，期限未到以前沒有任何利息，這類商品是 6 年後才開始配息利率只有 2% 左右，提早解約還有風險。你都覺得甘之如飴，覺得風險很小，願意買進。如果買 19.4 元的第一金控，像儲蓄險般綁住 6 年都不看股價，你可以接受嗎？

假設第一金每年平均配息有 1.2 元，持續持有，成本一年一年跟著降，就跟買在 12.2 元成本的第一金一樣，是不是很便宜呢？

持有年分	持有成本／元	配股配息／元	持有成本／元	折合股價／元
第一年	19400	1200	18200	18.2
第二年	18200	1200	17000	17.0
第三年	17000	1200	15800	15.8
第四年	15800	1200	14600	14.6
第五年	14600	1200	13400	13.4
第六年	13400	1200	12200	12.2

註：買進 19.4 元的第一金，若每年配息 1.2 元，持有的時間越久，成本越低。

在 2008 年金融海嘯時，第一金控最低的股價就是在 12.2 元。雖然一開始是買在 19.4 元的價格，但是持股 6 年後，就可以降低成本到 12.2 元，所以持有期間，第一金是漲是跌，其實影響不大，但誰可保證 6 年內，能買到 12.2 元歷史低價的第一金呢？只有持有「時間」可以保證！

當然有人會說，如果一開始股價能買在更低，獲利不就更高？但是，股價的高點、低點，沒有人可以未卜先知，唯一能掌握的只有持有的時間，好好利用時間去降低持股的成本，才是最簡單又最「符合人性」的操作。

悟天存股小筆記

存股跟儲蓄險比一比！

　　股價平均 20 元的第一金，每年假設配 1.2 元，6 年後成本降變成 12.8 元，第 7 年再配 1.2 元，殖利率就是 9.3%。

　　而很多人愛買的儲蓄險年限是 6 年，但是利率只有 2% 上下，且提早解約是有損失的，越早解約損失金額越大。

　　而買了第一金後，前幾年配息都先當作扣除成本的金額吧！因為 6 年後成本剩下 12.8 元，除非金融海嘯又來了，否則第一金沒有低於 12 元過！

　　基本上，存股風險非常小，這時候剛好跟儲蓄險的時間一樣，但是每年幾乎領 9%。這個例子是第一年買進存股後，傻傻不看、不買也不賣，持有 6 年，之後每年 9% 利息給你，而持股成本則下降到 12.8 元，幾乎接近第一金歷史低點。

　　結語：是誰可以給予高額的報酬且符合人性？答案是「存股」！

∷ 低買高賣是「不可能的任務」

「山頂上玩有誰能贏？底部進場不贏也難！」是某位投顧老師的名言，但預判股價的低點、高點，而能低買高賣到底有多困難？讓我用張圖來考考大家（請看右圖）。

如右圖一，這支股票在 70 元附近，依據線型，第三個圓圈處應該是高檔了吧，股價到這應該出脫囉！

結果再看圖二的放大圖，發覺這支股票是台積電，如果你曾經持有它，賣在圖一的自認高檔處，那會多扼腕和懊悔？

很多喜歡價格投資的股友，以之前的價格判斷 70 元是台積電的高點，或以之前的價格判斷這裡是低檔！殊不知，你判斷的依據都是用以前的業績和股價，但股價卻是反應未來的業績。

∷ 做個「安心」又「放心」的存股族

如果有人問我：「現在○○股股價是在高檔還是低檔？」我會誠實回答：「不知道」。

股價表現是不看後照鏡的，以前的價格真的只能作為參考但並非絕對，還是回歸到存股的價值投資簡單點吧！

你以為的高價不是高價！猜一猜這是哪支股票？

（圖一）

（圖一）

（圖二）

答案是：台積電

誰能預測將來股價的走勢呢？答案是「神」。股價居安思危，停利出脫可以理解！但是居「高」思危……誰能預知真正的高點在哪呢？如果○○股的股價再創新高、新高、新新高，回頭來看，現在你覺得高檔的股價卻反而變成低檔，那又是「千金難買早知道」了。

要用交易的方式進行低買高賣很困難，畢竟高點、低點無法精準預測，實在很難保證自己一定可以買到低價或是賣在高價，但是存股的觀念不同，利用持有的「時間」，可以確保自己預買在低點的股價，這才是符合人性的操作！

歷年第一金股利發放情況

年分	現金股利 （元／股）	股票股利 （元／股）	股利總和 （元／股）
2019	1.00	0.10	1.10
2018	0.90	0.10	1.00
2017	1.20	0.20	1.40
2016	0.95	0.45	1.40
2015	0.70	0.65	1.35
2014	0.50	0.70	1.20
2013	0.45	0.65	1.10

由上圖第一金歷年股利發放情形可以知道，我只需關心第一金控每個月的業績，每年是否持續配股配息，就能讓我降低持股的成

本，增加獲利的機率；不需要每天擔心股價是否買在高點、持股成本是否比別人高？這樣符合人性的操作才是可以被模仿，可以被複製的。

當你懂得這個道理之後，就知道價格投資者喜歡看股價做股票，且要求自己做違反人性的操作，存股族則喜歡看公司的價值操作，在股價低檔時反而加碼買進且符合人性！

所以，用降成本的方式持有存股，利用「持有的時間」降低存股的成本，才是人性應該有的作為。(後續章節會提到時間和降成本的詳細操作內容)

挑選好股慢慢存，給你應有的利潤

存股兩個字到底是什麼意思呢？首先，存股的「存」並不是「定存」的意思。

存股不代表存了股票之後帳面上就不會虧損，但是經由持有的時間越長，成本下降越多，相較來說賠的機率越低且趨近於 0。

其次，存股的「股」也並非指台灣上市櫃所有的股票。存股的標的是要經過挑選的，原則上只要選擇好的存股標的，並且持有足夠的時間就可以立於不敗，只剩下賺多和賺少的問題。

因此，若要給存股一個名詞上的解釋，我會說存股是在股票市場中利用價值投資，挑選出值得投資的公司，買進股票後當它的股東；公司取得資金後在營業上獲利，將盈餘按照持股比例分紅給股東，存股投資者把分紅的利潤，作為降低持股成本的護城河，甚至進一步加碼投資，持續正向循環的一種投資模式。

這種你賺錢、公司也獲利的互利方式，稱為「存股」。

:: 存股的「獲利來源」

存股主要的獲利來源有兩種，第一就是來自公司營運的分紅。

2019 年全台近 1,700 家上市櫃公司，合計配發 1.43 兆元現金股息，如果我們懂得投資存股，就是用錢去購買上市櫃公司員工的工作時間來幫我們賺錢，這些分紅是股東應有的合理利潤！

但是，1.43 兆元雖然金額龐大，若你沒有參與投資，那這些錢則是被外資 (台股最大的股東，持有 40% 股權) 給賺走而已，而台灣上市櫃員工則淪為替外資賺錢的打工仔。

存股另外一項獲利來源，來自股票價格的增漲。

股價和業績息息相關，當投資人選擇好的存股標的後，除了可以每年領取公司的盈餘分紅之外，也能享受到公司股價因為業績增漲，造成股價跟漲的資本利得，也就是股價的價差。

「花若盛開，蝴蝶自來」
「水滿有時觀下鷺，草深無處不鳴蛙」

這裡所指的股價價差，並非像價格投資者般去追逐而來的，而是因為公司業績持續增加，如水到渠成般自然而然形成的。

● 業績亮眼,股價自然高

業績好的公司,配股配息數字自然漂亮,且股價填權息的動能十足,存股更在意的是公司的業績表現,而非股價表現。

因此,存股是為了獲得這兩項應有的利潤,一項來自於公司的盈餘分紅,一項來自於公司業績穩定成長所帶來的價差,千萬別覺得只有這些利潤很少。

如果能挑選到業績良好的公司,長期持有的狀態下,資產翻倍的速度比定存好太多了;且因為長期持有,原則上可以立於不敗,已經贏過股票市場中 80% 的輸家!

存股並不會讓人快速致富,但是慢慢來,卻比較快,因為它是一條沒有阻礙的康莊大道,只需要選擇好股,就能持續收益。

悟天存股小筆記

　　價值投資法的原理很簡單，但要百分之百做到，需要時間等待以及自律。

　　簡單來說，用便宜價買進績優股，然後等待……等待……等到股價反映真實的價值就可以賺錢。

　　但是，不能忍耐的人，是無法完成全部過程的。

　　所以必須做到：

　　1. 忍耐買不到

　　2. 忍耐持有太久

　　3. 忍耐大跌

　　4. 忍耐利空與恐慌

　　5. 忍耐震盪

　　6. 忍耐漲不多

　　最後，別看股票！

　　原理不難，但要做到，需要用「心」！

　　耐心和細心都是需要鍛鍊的。

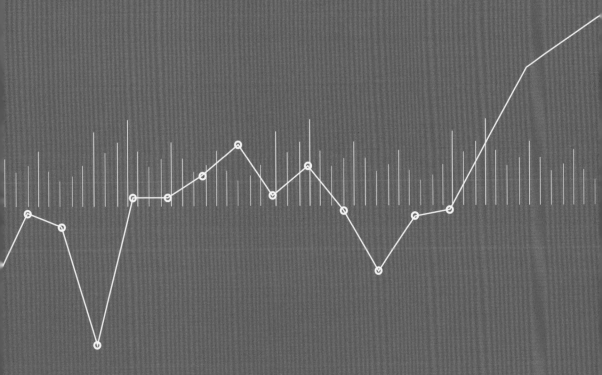

第 3 章

存股致富的關鍵 3 要素

3-1 本金：投資本金愈高，獲利才有感

存股有三個重要的要素，分別是「本金」、「時間」和「降成本」。只要能了解三要素，就可以進入「存股勝率百分百」的境界了！

股市中流傳著一句名言：「本大利小利不小，本小利大利不大。」這不是繞口令，意思是在投資過程中，如果投入的資金比較大，就算投資報酬率偏低，最終得到的利潤還是可觀的；相反地，如果投入的資金比較少，就算投資報酬率很高，利潤仍是微不足道的。

投資存股必須先要有「資本」，在資本社會裡想要賺錢，必須靠錢滾錢，因此資本的大小十分重要。

簡單舉例：

A 先生有 10 萬元，汲汲營營的研究股票、房地產，每天花 16 個小時在分析整理，嚴重擾亂生活步調，就算獲利100%，也才 10 萬元。

B 先生有 1,000 萬元，他了解投資的真諦，便選擇風險小的商品，

天天睡得好，生活品質佳，雖然每年獲利只有 6%，但一年卻可以拿到 60 萬元，平均每個月多 5 萬元的收入。

所以，投資商品最重要的是資本。然而，沒有資本就不用學投資了嗎？當然不是，而是應該了解投資但不用馬上操作，先想辦法擴大自己的資本再說。

:: 小資存股，先想辦法增加本金

然而小資族一定會問：「沒有本金就不要學存股了嗎？不是說小資更要懂存股嗎？我哪來的一百萬、一千萬呢？」

稍安勿躁，小資族當然要存股，但不用急著買，先試著增加收入，看看能不能先從加薪開始。

假如你現在工作薪資一個月是 3 萬元，若公司規定員工拿到某張專業證照就可以加薪 5,000 元，那建議你先以投資自己為目標，來加薪 5,000 元，因為此種方式利己利人，是小資族可以追求的目標，且投資自己絕對沒有錯！

如果投資自己的外語能力或取得技術證照，可以加薪 5,000 元，那一年就是多獲利 6 萬元；反推 6 萬元的獲利，是要花多少本金在存股上才可以達到呢？

這可是要資金 100 萬、年報酬率 6% 的存股才能得到。但是你投資自己的費用，可能不用 20 萬，就有同樣的效果，怎麼算都划得來。

　　如果薪資沒有辦法增加，那就只能當省錢一哥（姊）了。在每次要掏錢買咖啡、買衣服、買名牌包包前，想一想，如果能把錢省下來，就可以買好公司的零股，讓它幫你工作賺錢，雖然金額或許不大，但如果長期累積下來，以後一定會得到更多。

　　省！省！省！把錢省下來作為投資的本。老子曾說：「合抱之木，生於毫末；九層之台，起於累土；千里之行，始於足下」，小水滴一點一滴的累積起來，以後會變成涓涓細流，最終仍然有成效出現。

:: 存股的本金多，獲利也多

　　存股是需要「本金」的，雖然有些殘酷，但資本市場就是如此。不是本大存股才能贏，而是本大存股才有感覺。

　　如果你每個月只投入 1,000 元，1 年投入 1 萬 2 千元存股，以公司每年配約 6% 的股息來算，大概只有 720 元，這筆錢你不需要研究一年的股票，只要少吃一頓大餐，就可以「省下來」。

　　當投入的本金越多，會讓存股越有感覺，越懶得買來賣去，進而減少操作的錯誤產生。我建議，存股的本金應該要有 20 萬，這是最基本的要求。

　　因為投入 6% 的商品，每年大約配息 1 萬 2 千元，平均每個月加薪 1,000 元，而且每年逐漸增加，對年輕人來說，可能比公司加薪還要有動力。

　　至於，本金大約累積多少時會比較有感覺，其實沒有一個定數，我自己認為，當配股配息超過 36 萬元 (也就是每個月 3 萬元) 時，存股速度會開始加快，才會有獲利的喜悅感。

　　在此之前，或許存股速度會讓你有些難過和沮喪，但還是要鼓勵大家儘早存股，因為後續會提到存股三要素之一的「時間」，也是十分重要。

:: 別只看一時帳面上價格

　　當本金大到一定程度，例如存到第一金 100 張的時候 (約 200 萬)，股價漲跌 0.05 元就是賺賠 5,000 元，也許就是月薪 4 萬上班族薪資的 1/8；如果某一天下跌 0.2 元，也就是帳面虧損 2 萬元，幾乎就是半個月的薪水，你是否還能處之泰然？這時就很重要了。

93

因為很多人存股都是想要達到財富自由，所以存到 100 張可能只是個基本目標，但在漫長的過程中，一定會遇到股價波動的情形。

別擔心！你看存股界中有很多前輩，都是上百萬、上千萬在存。為什麼？因為今天就算存股殖利率只有 6%，投入 1,000 萬還是有股利 60 萬，他們賺的是安心。

∷ 慢慢來比較快

很多人會抱怨資金一開始不夠多，怎麼存？但我想說的是心態！

存股能讓你睡得安穩、抱得安心、生活快樂無憂慮！
不需要擔心買後是否會跌？要不要賣？要不要出脫？
不需要擔心空手何時要買？要不要買？要不要測底？
存股到後來，你會發現……數字只是高高低低而已！
真實拿到手中的，是白花花的現金流！

假設有資產 1,000 萬元（如右圖），去買殖利率 6% 的存股標的，每年配息就約 60 萬元。扣除掉每個月 3 萬元的花費，每年還可以省下約 24 萬元，若持續投入存股，20 年後資產可能翻了快 1.8 倍，也就是 180%，平均年化報酬率約 9%，而且之後年領 109 萬元以上。

存股 1,000 萬元，20 年後變成 1,800 萬元

年份	本金	配息	扣除生活費	剩餘款
第 1 年	1000.0	60.0	36.0	24.0
第 2 年	1024.0	61.4	36.0	25.4
第 3 年	1049.4	63.0	36.0	27.0
第 4 年	1076.4	64.6	36.0	28.6
第 5 年	1105.0	66.3	36.0	30.3
第 6 年	1135.3	68.1	36.0	32.1
第 7 年	1167.4	70.0	36.0	34.0
第 8 年	1201.5	72.1	36.0	36.1
第 9 年	1237.5	74.3	36.0	38.3
第 10 年	1275.8	76.5	36.0	40.5
第 11 年	1316.3	79.0	36.0	43.0
第 12 年	1359.3	81.6	36.0	45.6
第 13 年	1404.9	84.3	36.0	48.3
第 14 年	1453.2	87.2	36.0	51.2
第 15 年	1504.4	90.3	36.0	54.3
第 16 年	1558.6	93.5	36.0	57.5
第 17 年	1616.1	97.0	36.0	61.0
第 18 年	1677.1	100.6	36.0	64.6
第 19 年	1741.7	104.5	36.0	68.5
第 20 年	1810.2	108.6	36.0	72.6
	1882.9			單位（萬元）

　　這完全不需要花過多的力氣研究股票，而且有時間陪伴家人，然後賺更快。這樣不是很好嗎？所以存股前努力先讓自己的本變大是必需的！因為它可以大幅縮短你想要達到目標的時間。

3-2　時間：趁早投入，愈容易賺錢

時間是存股的護城河，影響存股的成敗，持有時間久可立於不敗！

簡單的說，存股的持有時間越長，這支股票的成本就會越降越低。像護城河一般，當持有的時間越長，成本越低，護城河就會越寬，有一天甚至持股的成本會降到 0，護城河寬過你的想像！

存股雖然可能在「短時間」內帳面虧損，但如果擁有好標的，存得愈久，能享受到長期配股配息的效益。

假設第一金每年配息 1 元，你在 18 元的時候買進，持股 1 年後跌到 16 元，此時帳面上是虧損的，因為成本只有下降到 17 元；持股 5 年後，如果第一金的股價跌到 15 元，你反而沒有賠錢，因為成本已經降到 13 元。

如果持股超過 18 年，基本上，成本就是「0」了！

　　懂了嗎？也就是你拿回了當初買進第一金的成本，因為 18 年配息了 18 元，足以抵銷你買進第一金的成本 18 元，而這時手中還持有的，則是第一金送的股票！所以你會發現，在股市中有一個獲利的好夥伴，就是「時間」！

:: 時間才是勝負的關鍵

　　假設你買進 A 股的價位在 20 元附近，賣出也是在 20 元附近，應該會覺得這筆買賣是賠錢的吧？因為好像沒有賺到價差，還要被扣手續費和交易稅。

　　但是，如果告訴你，這中間經過 8 年的時間，歷經 8 次配息，分別為 1.5 元 /1.2 元 /1.82 元 /0.75 元 /0.75 元 /0.9 元 /1 元 /1.1 元，那就不是賠不賠錢的問題，反而是賺錢了，因為報酬率是 27%〔(18.55-12.37)/22.95=0.27〕，年化報酬率約 3.4%(0.27/8=0.034)，是不是很驚人！

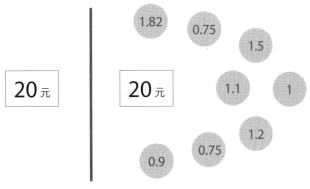

持有 8 年，經過 8 次配息。

前述是第一銀轉第一金控上市後大概的價格，2006 年 1 月 2 日第一金股價是 22.95 元，2013 年 12 月 31 日則是 18.55 元，而且這段時間還發生過 2008 年的金融海嘯，看起來股價是賠，但其實賺了 8 年的股息和股利。

這就是持有「時間」的奧妙，你還會覺得股災很可怕嗎？

存股和價格投資雖然同在一個交易市場，但卻是完全不同的思維，我後來發現，股票市場中價格無法決定一切，持有的時間才是有無獲利的關鍵。

時間成本比價格成本更重要，而且又是買家自己可以掌握的，更符合人性。因此後面章節，所提到的買賣存股 SOP 流程中，「時間」就佔了極大的成分因素。

所以，股票市場中什麼最貴？我認為就是「時間」！

:: 時間是存股的好夥伴

常常聽到有些人抱不牢股票，耐不住寂寞，有一點獲利就趕快拋售，當然享受不到每年配股配息所帶來的利潤！

有的人則是無法忍受下跌（不論短期或快速）的煎熬，稍微震

第一金近 20 年股利與股價表

股利政策							
發放 年度	現金 股利	股票 股利	股利 合計	股價統計（元）			EPS （元）
				最高	最低	年均	
2019	1	0.1	1.1	23.4	19.7	21.6	1.4
2018	0.9	0.1	1	21.4	19.2	20.3	1.27
2017	1.2	0.2	1.4	20.75	17.1	19.1	1.45
2016	0.95	0.45	1.4	17.8	14.15	16.3	1.55
2015	0.7	0.65	1.35	19.85	14.85	17.4	1.52
2014	0.5	0.7	1.2	20.9	17.7	18.5	1.26
2013	0.45	0.65	1.1	19.4	16.8	18	1.25
2012	0.4	0.6	1	19.7	16.2	17.6	1.08
2011	0.3	0.6	0.9	27.55	16.1	22.7	1.09
2010	0.5	0.25	0.75	27.35	15.8	19.1	0.44
2009	0.5	0.25	0.75	22.4	12.2	18.3	1.2
2008	1.7	0.12	1.82	38.8	12.35	25.7	2.06
2007	1	0.2	1.2	27	20.25	23.5	1.79
2006	1.25	0.25	1.5	26.35	20.9	23.5	2.43
2005	0.75	0.5	1.25	27.6	21.9	24.9	1.86
2004	0	0	0	29.9	20.5	25.5	-2.57
2003	0	0	0	29	18.1	21.9	─
2002	─	─	─	29.4	16.3	21.9	─
2001	─	─	─	31	13.5	20.2	─
2000	─	─	─	52	18	31.8	─

<編輯部整理>

盪或是股災一來，先溜至上！但是，之前就說過了，高點、低點又豈是凡人的你我可以猜到的呢？

還記得2017年大盤在9,000點附近，也是一堆人說不會到萬點，股災要來了，或是說萬點到了就是崩盤日……結果竟然出現了史上最長的萬點，這些人不就少賺很多了嗎？

股市之中，時間最貴，投資要趁早。在存股三要素中，上班族的「本金」不夠大，但如果能儘快投資，即可早一點降低持股的成本，佔盡先機，畢竟，年輕人最多的是時間，而時間也是一種本。

尤其是小資族，快點「醒悟」，悟天用後頁圖表說明會更清楚。

:: 時間也是寶貴的成本

有三個人，分別是 A、B、C 先生（請參照 102~103 頁表格）。

A 先生（最左）每年投入 10 萬至報酬率 8% 的商品，並將所獲得的配息再加入本金 10 萬，連續 10 年，本金共投入 100 萬。之後第 11 至 30 年都只用配息投入，不再增加本金，到第 30 年時，投資總金額是 675 萬元（本金仍是 100 萬），每年領息 54 萬元。

B 先生（圖表的中間）在 A 先生存股第 11 年時，看到 A 先生的

投資很成功，也開始每年投入 15 萬元，連續投入 20 年，總共投資 300 萬元本金，到第 20 年時，總金額是 686 萬元 (包含 300 萬本金)，每年領息 54 萬。

C 先生 (圖表最右邊) 每年投入 10 萬，並將所獲得的配息再加本金 10 萬，連續 30 年不間斷，本金總共 300 萬 (和 B 先生一樣)，但第 30 年時，投入總金額是 1,132 萬，每年領息 90 萬元。

由此可以發現，越早投資存股有越好的成效，A 先生只用了 100 萬，剩下皆是股息再投入，他的成果在第 30 年時，與 B 先生投入 300 萬居然一樣！B 先生跟 C 先生本金都是 300 萬，只是 C 先生早投資 10 年，但成效竟然多了快一倍。

A 先生跟 B 先生 30 年後的成果差不多，不過前者只花了 100 萬，但後者卻要花 300 萬，差別在哪？就只是 A 先生「早」投入 10 年而已！

B 先生和 C 先生都是投入 300 萬，但 30 年後 C 先生的成效卻是 B 先生的 2 倍，差別在哪？同上，「早」投入 10 年而已！

所以，小資族可以沒有本，但要趁早投資，因為時間也是一種本！

A 先生			
年份	本金	投入金額	投報率 8%
第 1 年	每年投入 10 萬，共 100 萬	100000	8000
第 2 年		208000	16640
第 3 年		324640	25971
第 4 年		450611	36049
第 5 年		586660	46933
第 6 年		733593	58687
第 7 年		892280	71382
第 8 年		1063663	85093
第 9 年		1248756	99900
第 10 年		1448656	115892
第 11 年	第 11 年開始不再投入金額，以配息滾入	1564549	125164
第 12 年		1689713	135177
第 13 年		1824890	145991
第 14 年		1970881	157670
第 15 年		2128551	170284
第 16 年		2298835	183907
第 17 年		2482742	198619
第 18 年		2681362	214509
第 19 年		2895871	231670
第 20 年		3127540	250203
第 21 年		3377743	270219
第 22 年		3647963	291837
第 23 年		3939800	315184
第 24 年		4254984	340399
第 25 年		4595383	367631
第 26 年		4963013	397041
第 27 年		5360054	428804
第 28 年		5788859	463109
第 29 年		6251967	500157
第 30 年		**6752125**	**540170**

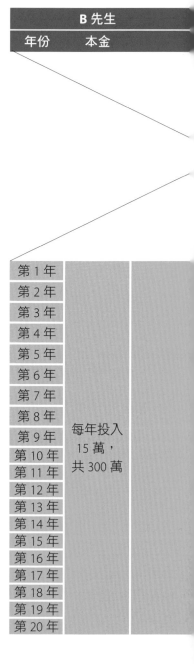

B 先生	
年份	本金
第 1 年	每年投入 15 萬，共 300 萬
第 2 年	
第 3 年	
第 4 年	
第 5 年	
第 6 年	
第 7 年	
第 8 年	
第 9 年	
第 10 年	
第 11 年	
第 12 年	
第 13 年	
第 14 年	
第 15 年	
第 16 年	
第 17 年	
第 18 年	
第 19 年	
第 20 年	

投入金額	投報率 8%
150000	12000
312000	24960
486960	38957
675917	54073
879990	70399
1100389	88031
1338421	107074
1595494	127640
1873134	149851
2172984	173839
2496823	199746
2846569	227726
3224294	257944
3632238	290579
4072817	325825
4548642	363891
5062534	405003
5617537	449403
6216939	497355
6864295	**549144**

C 先生			
年份	本金	投入金額	投報率 8%
第 1 年		100000	8000
第 2 年		208000	16640
第 3 年		324640	25971
第 4 年		450611	36049
第 5 年		586660	46933
第 6 年		733593	58687
第 7 年		892280	71382
第 8 年		1063663	85093
第 9 年		1248756	99900
第 10 年		1448656	115892
第 11 年		1664549	133164
第 12 年		1897713	151817
第 13 年	每年投入 10 萬，共 300 萬	2149530	171962
第 14 年		2421492	193719
第 15 年		2715211	217217
第 16 年		3032428	242594
第 17 年		3375023	270002
第 18 年		3745024	299602
第 19 年		4144626	331570
第 20 年		4576196	366096
第 21 年		5042292	403383
第 22 年		5545676	443654
第 23 年		6089330	487146
第 24 年		6676476	534118
第 25 年		7310594	584848
第 26 年		7995442	639635
第 27 年		8735077	698806
第 28 年		9533883	762711
第 29 年		10396594	831727
第 30 年		**11328321**	**906266**

（註：單位／元）

3-3 降成本：堅定心態，不隨意賣出

存股致富三個要素已經討論過本金和時間，現在還需要了解最後一項「降成本」，這非常重要，因為這個觀念可以幫助我們安心度過很多利空及股災。

簡單舉例：

第一金買在 20 元，股災之後跌到 12 元，後來又漲回至 18 元，如果在此時賣出，看似賠了 2 元，但也許這個過程歷經 4 年，期間配息 4 次共 4 元，所以還是有賺 2 元，投報率 10%，年化投報率 2.5%。

雖然不是很高，卻比定存 1.05% 好多了，重點在於中間經歷過股災，但是持股沒有賣出，還能有 2.5% 的年化報酬率。假設你在股災時，以 12 元左右賣出，那就真的是賠錢出場了。

存股能夠安然度過股災的原因，就是因為「降成本」的觀念所致。

:: 用「開店的思維」來看存股成本

存股成本計算有兩種思維：第一種是類似定存的概念，配股配息只能算是當年度的投報，本金依然存在，所以無法降低成本。

例如：我投入 100 萬買第一金 50 張（1 股 20 元），今年配 1 元，也就是 5 萬元，所以投報率為 5%，明年成本還是 100 萬，並沒有減少呀！而且配息 1 元之後，第一金的股價剩下 19 元，這樣哪有降成本？

另一種則把存股當成是開公司，配股配息不以當年度計算，而是在最後出場時計算。

舉例：你投入 100 萬開了間飲料店，每個月回本 4,200 元，一年賺回 5 萬元，也就是成本回收 5 萬，還剩下投入 95 萬，亦即成本下降了。當你出場的時候，只要飲料店還能賣給接手的人 95 萬，就不算賠錢了。

在計算存股成本時，我的思維是第二種，因為存股不會隨便賣出，所以我傾向於像開公司或是開工廠一般，把每年的配股配息當作回收成本，等有朝一日出場（賣出）時，才能知道年化報酬率到底是多少，而存越久，越不會輸的原因也在這。

像是：

我存第一金 100 萬，50 張，每年假設都配 1 元。

第一年領取 5 萬股息，成本剩下 95 萬。（折合股價 19 元）

第二年領取 5 萬股息，成本剩下 90 萬。（折合股價 18 元）

第三年領取 5 萬股息，成本剩下 85 萬。（折合股價 17 元）

第四年領取 5 萬股息，成本剩下 80 萬。（折合股價 16 元）

第五年領取 5 萬股息，成本剩下 75 萬。（折合股價 15 元）

存股 5 年後，如果當時股價在 18 元，我全賣了，所得金額 90 萬，而成本是 75 萬，所以我賺了 15 萬。一開始本金是 100 萬，15/100=15%，但是經過 5 年，所以年化報酬率為 15%/5=3%。

同理，5 年後如果股價在 20 元，我全賣了，所得金額 100 萬，而成本是 75 萬，所以我賺了 25 萬。一開始本金是 100 萬，25/100=25%，但是經過 5 年，所以年化報酬率為 25%/5=5%。

你會發現，存股時間越久，勝率是越高的，但是年化報酬率則是看出場的價格來決定。

● 降成本的心態，讓存股更堅定

真正的存股高手，很少出場，因為現金流夠用就好，一直存下去，勝率會越來越高。萬一遇到股災來臨，也不用害怕，怕的是你急著賣出，然後把股票賣在低點，造成年化報酬率很低……甚至賠錢出場！

用「降成本」的概念來說明，是因為股價的高低會影響人的心情起伏。無論你持有的張數是多或少，如果遭逢股市大跌，股價一片綠油油時，還能說自己不受影響，那大概有兩種原因：

1. 張數太少（所以真的沒什麼）
2. 成本太低（所以麻痺了）

當存股成本在 10 元以下，甚至降到 0 時，不論股災、崩盤、重挫……，只要繼續持有，仍然能領股利，當眾人哀鴻遍野之後，你還是一尾活龍呀。

:: 心態搖擺不定，也會影響存股結果

隔壁老王和同事小張，兩人皆拿出 100 萬買 20 元的第一金 50 張，假設它連續 4 年配息 1.2 元。老王每年領到現金 6 萬，但不把 6 萬當作持有成本扣除；小張每年也領到現金 6 萬，則用開店成本計算的方式扣除後，降低了持股成本。

在第 5 年時間時遇到股災，第一金價格突然跌到 16 元，老王因為成本始終算在 20 元，此時他的心理狀態，會覺得雖然 4 年拿到 24 萬的現金股利，但是現在股價也賠了 4 元，50 張就是賠了 20 萬。

「只剩下 4 萬！再不賣也許連 4 萬都沒了！」這時，老王的心

理壓力很大，也許會因為不想虧損而做出錯誤判斷；小張雖然每年也領到 6 萬元，但他是用開店的思維，認為自己是預買在 4 年後 15.2 元的第一金，所以碰到股災時，反而安慰自己「還有賺到 0.8 元」，50 張就是 4 萬元，心裡沒什麼壓力。

第一金股價跌到 16 元時，實際上兩人獲利都只剩下 4 萬元，但是心理狀態完全不同，老王深怕由盈轉虧，可能就把第一金所有持股都賣在 16 元。

小張則是老神在在，反正第 5 年如果繼續配息 1.2 元，成本就繼續下降到 14 元，就算第 5 年股災讓第一金股價下跌到 16 元，他還是可以安心續抱，甚至反手在 16 元附近加碼！這就是降成本讓兩人在「心理狀態」上的差異。這個心態的差別，也是能不能在存股這條路上走下去的關鍵。

買進 20 元的第一金，跌至 16 元時，兩者的反應

年分	老王買進 20 元第一金 50 張		小張買進 20 元第一金 50 張	
第一年	配現金 6 萬	成本 20 元	配現金 6 萬	成本 18.8 元
第二年	配現金 6 萬	成本 20 元	配現金 6 萬	成本 17.6 元
第三年	配現金 6 萬	成本 20 元	配現金 6 萬	成本 16.4 元
第四年	配現金 6 萬	成本 20 元	配現金 6 萬	成本 15.2 元
第五年	**心理壓力太大結果低檔賣出**		配現金 6 萬	成本 14.0 元

:: 持有的時間夠久，想賠都很難

了解存股三要素後，悟天想問一個問題：「如果第一金買在 24 元，一定會賠錢嗎？」你會選哪一個答案呢？

答案 A：「不一定……」

答案 B：「一定不會！只要給我足夠的時間！」

正確的答案是 B 喔。會選 A 的人，可能覺得第一金在 24 元算是高價，無法斷定是否會賺錢；若了解存股三要素中的時間和降成本的觀念後，確認只要時間夠久，絕對不會賠錢！

當「本金」、「時間」和「降成本」三要素都了然於胸之後，悟天認為，存股可以輕鬆點，還可以隨性一點。

悟天存股小筆記

了解配息配股與成本的簡單公式

　　了解降成本的概念後，就要學習它的計算公式了。如果一支股票的股利除了配息之外，還有配股的話，那要怎麼計算成本呢？請記住以下的公式，這可以讓你很方便就能算出持股下的成本。

公式：（原始成本 - 現金股利）÷（1+ 股票股利 ÷10）

　　舉例：老王在 2017 年 6 月買進 10 張（也就是 1 萬股）合庫金（5880），買進股價是 15.7 元，該年度配發現金股利 0.75 元和股票股利 0.3 元，則老王配股配息前、後成本各是多少？讓我算給你看。

配股配息前成本	配股配息後成本
成本 15.7 元 股數 10000 股	**公式：（原始成本－現金股利）÷（1+ 股票股利 ÷10）** (15.7-0.75)÷(1+0.3÷10)=14.51 14.51 元就是降成本後的持股成本 股數 = 原始股數 ×(1+ 股票股利 ÷10) 股數在經過除權息後變成： 10000×(1+0.3÷10)=10300 股 ● 成本 14.51 元 ● 股數 10300 股

若老王在 2018 年 6 月 15 日又再次買進合庫金 10 張，每股價格是 17.8 元，該年度配發現金股利 0.75 元和股票股利 0.3 元，則老王配股配息前、後成本又各是多少？

公式：股數＝原始股數 ×（1+ 股票股利 ÷10）

配股配息前成本	
原始成本	新買股後成本
成本 14.51 元 股數 10300 股	（原始成本 × 原始股數 + 新增成本 × 新增股數）÷（原始股數 + 新增股數） (14.51×10300+17.8×10000)÷(10300+10000)=16.13 ● 成本 16.13 元 ● 股數 20300 股

配股配息後成本
公式：（原始成本－現金股利）÷（1+ 股票股利 ÷10） (16.13-0.75)÷(1+0.3÷10)=14.93 14.93 就是降成本後的持股成本 股數＝原始股數 ×(1+ 股票股利 ÷10) 股數在經過除權息後變成 20300×(1+0.3÷10)=20909 股 ● 成本 14.93 元 ● 股數 20909 股

因此，配股配息降成本的計算公式：

1. 降成本 =(原始成本 - 現金股利)÷(1+ 股票股利 ÷10)
2. 股數 = 原始股數 ×(1+ 股票股利 ÷10)
3. 計算的檔案可掃描第 31 頁的「存股三大實用表格」。

CH 2

存股實戰篇

說了再多，了解再透徹，都不如去做！

第 4 章

存股勝率百分百的 5 個心法

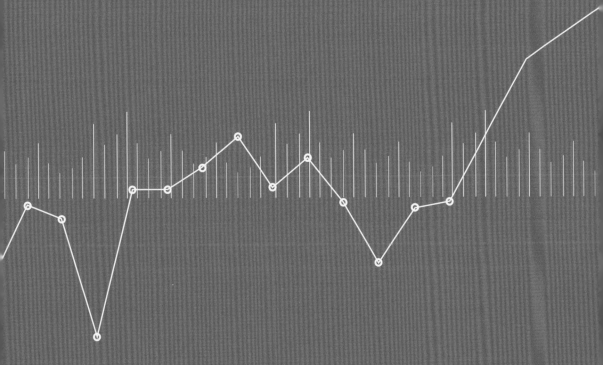

5 個簡單法則，
挑到「長期飯票」

挑選存股有時就跟結婚一樣，需要一點勇氣與衝動，最重要是選到好對象，然後下定決心不離不棄。

在選擇對象時，如果以結婚為前提，你會只看外貌？還是會觀察內在本質？會希望對方時尚前衛？還是穩定樸實？

之前我跟著老婆在追一部曾經很夯的電視劇——《犀利人妻》，看到一場婚禮上，新郎在牧師前發下誓言：「在上帝以及今天來到這裡的眾位見證人面前，我瑞凡願意娶安真作為我的妻子。從今時到永遠，無論是順境或是逆境、富裕或貧窮，健康或疾病、快樂或憂愁，我將永遠愛著你、珍惜你，對你忠實，直到永永遠遠……」

突然想到，存股族不也是如此嗎？讓我把誓言改編一下：「不論是在營業員或是電子下單系統的面前，我願意買○○股作為我的投資最愛。從今時到永遠，無論是上漲或是下跌、帳面上賺錢或虧損、開心或難過、我將永遠愛著你、珍惜你，對你忠實，直到永永遠遠……」

這齣戲後來的劇情發展，先生竟違背自己的誓言，搭上小三，背叛妻子，付出了很大的代價。

現實生活中，也有太多的股友忍受不住股災或其他的誘惑，違背自己當初存股的初衷，看到帳面的數字往下掉，就忘記之前的信誓旦旦，而把存股賣掉。

這樣想想，存股和結婚真的很相似呢！但說真的，你當初為何選擇這支股票來存股呢？短期下跌真的改變這間公司的體質了嗎？如果沒有，怎麼可以中途落跑，忘了遵守對它不離不棄的誓言呢？

:: 挑存股就是挑結婚對象

劇中的妻子安真很盡責，操持家務、學做菜、把家裡照顧得好好的。若你的存股也是如此，是隻金雞母每年幫忙賺錢，為什麼主人這麼容易變心呢？

老婆問我說：「男人結婚久了是不是容易變心？沒有新鮮感，膩了就想找樂子？」哇！結過婚的男人都知道，有些問題是有標準答案的，有些問題是不能亂回答的，答錯的話，主機板要承受很大的重量（它是很辛苦的），所以我當然不敢隨口敷衍。

只是，藉由這個問題，悟天突然覺得老婆大人是天才！

存股需要找好標的！

存股需要資金配置，

存股需要時間等待……

然後一切都具備之後，

………………

就沒事情做了耶，真的會很無聊！

存股一段時間後，有的人開始心思不定，想著是否能兼著作價差？是不是要換股票？能不能用更快的方式獲利？但，這豈不違背我一開始所說的，要遠離股票戰場嗎？

此外，存股族敢把大部位資金投入，只賺取每年的配股配息，還要忍受股災時價格的下跌，這實在和結婚一樣，都是需要莫大的勇氣！

我曾經和太太說：「存股族持有幾張股票沒什麼，那只是本金的大小問題而已，但是他們敢放入大部位或高比例的資金，才是真正厲害之處。」

太太問我：「為什麼？」

我進一步跟她解釋：「想賺價差的人通常因為漲跌幅度大，煩惱東、煩惱西，所以不敢投入大資金，而這樣的結果反映在有時候

賺了 50%，但因下單只有幾萬元，所以真正獲利也很有限。但存股的人知道自己在做什麼，所以投入的資金會越來越大，雖然標的殖利率只有 6%，但因為敢砸下 500 萬元，實際配發股息就有 30 萬元，而捨得出手大筆資金這件事，不是需要膽識和勇氣嗎？」

太太說：「這……不是勇氣吧！應該是存股的人非常了解自己為什麼而存？也了解投資的本質，所以才敢投入大筆鈔票吧！」

悟天突然發現太太說得沒錯（她永遠是對的！），總是思考出極有道理的見解。觀念比實際操作更重要，當你有正確的存股觀念之後，才能真正明白為什麼存股，如此才能長久。

● 找到好股跟好對象一樣

存股前和結婚前一樣，請先觀察想作為存股的標的，然後像選擇伴侶一樣，認真的挑選吧！接下來，相信它！信任它！就算短期間遇到股災，只要它的本質沒有改變，請堅守當初的承諾吧！

我和太太提到這些觀點，沒想到她給我更延伸的建議：「對呀！存股就跟娶老婆（嫁老公）一樣，還要看老婆（老公）會不會生（賺錢）？如果能生一兒半女（賺錢），以後這些子女（錢）就可以照顧我們倆，所以要選擇會生（賺錢）的老婆（老公）是很重要的。」

對！所以存股要達到勝率百分百的第一步，就是要挑選質優的股票作為存股標的。

而選股時就像挑選另一半一樣，要身體健康（公司組織健全）、脾氣穩定（制度完善）、賢淑良德（股價別暴漲暴跌、業績有一定水準），且能夠生兒育女（配發股利股息來照養我），還要個性相合（股性相合），這樣才能長長久久。以下是我的 5 個選股不敗法則，與大家分享：

:: 選股法則 ❶ 選擇體質健全的公司
（連續 5 年 EPS 大於 1 元）

怎麼知道另一半的身體是否健康？當然是全身健康檢查最好啦！同樣的，想了解股票公司的體質是否健全？最簡單的方式就是看它的盈餘或是 EPS(註 1)。

● **1 EPS持續成長**

如果一間公司前年 EPS 1.5 元，去年仍為 1.5 元，今年也是維持一樣，就可以視為體質健全；如果一間公司前年 EPS 1 元，去年 1.2元，今年 1.4 元，就可以視為穩定成長的公司；這都是我們選擇的標的之一。

如果一間公司前年 EPS 1.8 元，去年 1.2 元，今年 0.7 元，持續在下滑，就要懷疑它是否已經在走下坡了？當然不能買。

另一間公司前年 EPS 1.2 元，去年 2 元，今年 0.7 元，便就可以知道這間公司受外在影響很大，可能沒有商品的價格主控權，所以獲利狀況大好大壞，原則上並不適合存股，比較像是賺價差的投資人想買的股票。

● ② 最好每月公布盈餘

此外，每股盈餘狀況最好能每個月都公布。這樣如果公司在營運上出現問題，還可以讓投資者早一點知道、早一點反應，台股中的金融股和電信股及某些公司，都有這樣的特性。他們在每月 10 日以前，會公布上個月的每股盈餘 (EPS)，而不是只有公布營收數字。

要注意的是，有些公司只有公布營收，但營收好並不表示每股盈餘會跟著好。

註 1：EPS（Earnings Per Share），又稱每股收益或每股盈利，為公司的獲利指標，對於有公開市場股票交易的公司而言，每股盈餘和其股價都有一定的連動性，計算方法：稅後淨利／流通在外的普通股加權股數＝ EPS。

有很多電子類股的公司，在公布營收創新高之後，便有大批投資人追價買進該公司股票，孰知其雖然營收大增，但營運成本也大增，甚至最讓人意外的是，在最終揭露季報、年報時，公司卻是虧損的，讓投資人因為判斷失誤致使虧損累累。

基於股市中的八二法則，誰能儘快得到第一手資訊，受到的傷害就會比較少，贏的機率相對比較高。因此，像是金融股和電信股以及某些每月公布 EPS 的公司，因為資訊較透明，它們的投資人不需要等 3 個月公布的季報，才能了解公司的營運狀況，而是每個月都可以知道目前業績走向，在這種情形下，遇到驚喜包（突然大好或大壞）的機率也降低許多，這就是存股的好標的。

此外，若想選擇沒有每月公布 EPS 的股票，則應該檢視該公司 5 年間的每股盈餘是否穩定。原則上，若近 5 年平均 EPS 能大於 1，則代表公司獲利能力頗佳。

Tips 在選股時，強烈建議各位以近 5 年平均 EPS>1 元，為第一個選擇要素。

∷ 選股法則 ❷ 選擇股價穩定度高的公司
(股本大於 300 億)

　　首先，我們要知道股價是反應業績的結果，業績越穩定的公司，股價基本上就越能持平。但有時候股價還是有可能被人為操縱，所以我們除了要選擇質優的公司之外，還要挑到穩定度高的標的。

　　通常股本越大的公司，也有利於股價的穩定，因為股本大代表股票的發行量大，被人為操縱股價的機率相對的減少許多。

　　此外，量大才好買、賣！

● **1** 股本大於 300 億

　　存股的你是否曾經想過，以後有一天會存到上百張、甚至上千張。然而成交量太少的公司，流通性通常會令人有所疑慮，如果遇到業績突然大壞（利空）或是需要用錢得賣股票時，卻因成交量太小，居然還要排隊慢慢等，或是成交量太低只能賤價出售。因此，股本太小的公司，不在我選擇的考量之內。如果真的要買，只能慢慢買。

> **Tips** 選擇存股的第 2 個原則，就是選擇股本大一點的公司比較穩定。

　　至於股本要多大才算是符合標準呢？首先要知道，一間公司股本 1 億，可以發行 1 萬張股票，因此股本在 300 億以上，就可以發

行 300 萬張股票，這種規模以上的公司，基本上都算是穩定度高的。

• **2** β (Beta) 值小於 1

另一觀察重點是 β（Beta）值（註 2），β 值是一種風險指數，用來衡量個別股票或股票基金，相對於整個股市的價格波動狀況。β 值大於 1，當加權指數上漲時，該支股票的漲幅會較大，然而當加權指數下跌時，該股的跌幅也會較大，投資風險升高；β 值小於 1，當加權指數上漲時，該股的漲幅會較小，下跌時亦然，投資風險較低。

所以，我會選擇 β 值小於 0.8 的股票，代表該公司股價表現很穩定，不會隨大盤大起大落，數值愈小，股價愈穩定。

∷ 選股法則 **❸** 每年配發股利股息

每年配發股利股息，這很重要！因為每年配發股利股息，可以降低持股的成本，也就是你的股票會擁有成本護城河！當持股到零成本時，這就是勝率百分百的投資了。

註 2：個股股本資訊可以在公開資訊觀測站查詢，但不一定有 β 值，目前元大證券網站可以查詢到 β 值。

存股的股票 K 線型態

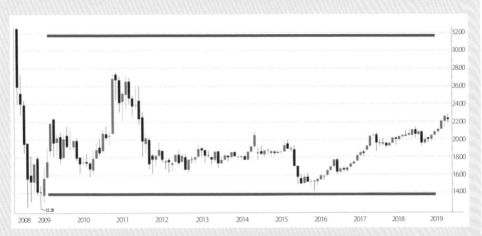

註：依據 2. 股價穩定以及 3. 每年配股配息選出的股票，K 線應該是這個型態。

註：但還原權值 K 線後，其實我們選的股票的股價是上升的！

當資金不再投入之後，你的存股依然每年配發現金股利讓你花用，可能比兒女還要孝順；若還有配發股票股利，則能繼續生股子、股孫，簡直就像你退休後的金雞母、傳家寶，取之不盡、用之不竭。

> `Tips` 選擇近 5 年每年現金股利 >0.5 元的標的，或近 5 年每年股票
> 股利 >0.5 元的標的準沒錯。

:: 選股法則 ❹ 股價不能離淨值太遠

因為淨值（註 3）就像是這間公司的基本價值，還記得之前提到的小狗與主人理論嗎？若股價能離淨值近一點，也代表離主人近一些；遇到股災時，波動也比較小。

> `Tips` 第四個法則就是，建議選擇股價淨值比（股價 ÷ 淨值）<2.5
> 的公司。

淨值就像是主人，小狗則是股價；小狗有時在主人前面，有時在主人後面，但不會離開主人。而繩子就是人性，合理的推估可用「時間」+「降成本」，去估算繩子應該要多長 (在下一章節談論買賣 SOP 流程時會詳述)。

註 3：淨值 (Net worth) 意指公司償還所有負債後股東應佔的資產價值，例如某公司的每股資產淨值為 1 元，即每股能分到 1 元的資產。

　　例如，第一金目前淨值在 17 元附近，若股價在 43 元 (淨值比 >2.5)，則完全不適合作為存股標的，因為以目前每年約配息 1.2 元來估算，持有時間需要 21.6 年 (43-17=26，26/1.2=21.6) 才能降成本到淨值，亦即，以小狗和主人的理論來看，這條繩子實在太長了，因此我們會挑選股價淨值比 (股價 ÷ 淨值)<2.5 的公司。

:: 選股法則 ❺ 股性相合

　　股性相合就和婚姻一樣，就算你的對象完全符合身體健康、個性穩定、收入高三個要素，若彼此個性不合，最終婚姻還是會以悲劇收場。

　　每個投資者的個性不同，每支股票的股性也不太相同，就算是符合前面三大項，可能還是無法和你 Match 在一起，一有風吹草動，你還是會果斷賣出。沒關係，台股市場中有許多符合前四大項指標的標的，先找出合適的，小量建立部位，等確認股性相合之後，再慢慢加大本金！

● 挑股性就是挑對象的個性

　　談戀愛時，你會發現，也許和你能長久相處的對象，並非最帥氣、最美麗、最有錢或最有才華的那一個，而是在一起時，讓你覺得最自在、舒適的人，這就是個性相合。

你所選的存股也許不是漲最多或是賺最多的一支股票，但是你擁有它，可以安心睡覺，專注於自己的本業，不用耗費太多的心力，又能安穩的生活，這就代表這支股票的股性和你非常適合！

畢竟，最帥、最美的對象不見得適合我們，而看起來會賺比較多的存股，也不一定與我們契合，這就是悟天所說的「股性」！

:: 符合 5 大選股法則的推薦股票

依據上面的選股方式，我篩選出的股票共 20 檔，供讀者參考：

1 · 符合 β 值 <0.8、近 5 年每年的 EPS 平均 >1 元、股本 >300 億元、股價淨值比 <2.5 且近 5 年每年現金股利都 >0.5 元的 17 檔台股。

2 · 近 5 年每年股票股利都 >0.5 元的 3 檔台股。

由於是存股，所以我選擇的標的和退休金有關，因此會以 β 值作為第一選擇要素。由篩選出的股票可以發現，8 檔 β 值小於 0.6 的優質存股公司，大多是有政府色彩的官股。

這類型的公司除了獲利穩健之外，配股配息也十分大方，此外，由於政府是大股東，因此公司不太可能會倒閉，風險極低。

悟天推薦投資新手，適合作為第一次存股的股票有以下數檔：

第一次存股的建議名單	
● 2002 中鋼	● 2886 兆豐金
● 2412 中華電	● 2892 第一金
● 2823 中壽	● 5880 合庫金
● 2880 華南金	● 2884 玉山金

若認為標的太少，則優先更改的是公司股本，可以從 300 億調整為 200 億或是 100 億。好處是有很多績優的「小型股」，也能因為篩選條件放寬而入選，但是相對來說，股本越小代表流通於市面上的股數越少，股價波動性就變高囉。選擇這類型的股票來存股，還是要時時關注業績表現喔！

符合 5 大選股法則的股票 ❶

選股結果						
股票名稱	收盤	β 值	近 5 年平均 EPS	股本（億）	股價淨值比	近 5 年平均現金股利
1303 南亞	78.4	0.72	5.64	793.08	1.6	4.04
2002 中鋼	24.55	**0.53**	1.13	1,573.49	1.2	0.85
2105 正新	39.5	0.76	3.15	324.14	1.57	2.38
2324 仁寶	19.8	0.64	1.78	440.71	0.8	1.26
2356 英業達	23.6	0.77	1.76	358.75	1.46	1.55
2382 廣達	59.1	0.67	4.22	386.26	1.65	3.65
2412 中華電	112	**0.19**	5.05	775.74	2.26	4.91
2823 中壽	24	**0.55**	2.51	446.36	0.95	0.52
2880 華南金	20.65	**0.45**	1.31	1,154.36	1.31	0.6
2881 富邦金	44.1	0.62	5.31	1,023.36	0.94	2.26
2882 國泰金	41.65	0.72	4.14	1,256.32	0.9	2
2884 玉山金	25.9	**0.52**	1.55	1,082.89	1.68	0.54
2885 元大金	18.05	0.78	1.35	1,168.62	0.93	0.58
2886 兆豐金	30.7	**0.5**	2.08	1,359.98	1.29	1.5
2891 中信金	21.3	0.75	1.97	1,949.70	1.21	0.94
2892 第一金	22.2	**0.37**	1.44	1,233.86	1.28	0.95
5880 合庫金	20.55	**0.46**	1.18	1,256.88	1.2	0.61

適合當存股標的 17 檔台股，符合 5 個選股法則：❶ 股票 β 值小於 0.8 ❷ 近 5 年每年的 EPS 平均大於 1 元 ❸ 股本大於 300 億元 ❹ 股價淨值比小於 2.5 ❺ 近 5 年現金股利每年都大於 0.5 元 (篩選軟體則使用元大證券介面中的選股專家，2019.03)。

符合 5 大選股法則的股票 ❷

選股結果						
股票名稱	收盤	β 值	近 5 年平均 EPS	股本（億）	股價淨值比	近 5 年平均股票股利
2823 中壽	24	**0.55**	2.51	446.36	0.95	0.58
2880 華南金	20.65	**0.45**	1.31	1,154.36	1.31	0.55
2884 玉山金	25.9	**0.52**	1.55	1,082.89	1.68	0.79

符合 ❶ 股票 β 值小於 0.8　❷ 近 5 年每年的 EPS 平均大於 1 元　❸ 股本大於 300 億元且股價淨值比小於 2.5　❹ 近 5 年每年股票股利都大於 0.5 元（篩選軟體則使用元大證券網站中的選股專家，2019.03）。

4-2 了解適合買進存股的時機

在告訴讀者怎麼進場買存股之前，先分享一則故事：

有一天，有 3 個人相約去爬一座山，結果中途因為一些因素，三方沒有同時出發，後來彼此約定互打電話告知對方看到什麼景色，好方便集合。

A 說：「我看到雲海，好漂亮喔！」

B 說：「我只看到一片森林，沒看到雲海呀？」

C 說：「你們騙人，我的面前是一堆建築物和招牌！」

其實，A 已經攻頂，B 在半山腰，C 還在登山口！

他們看到的景物當然不同。

同樣的，在存股路上不也是如此嗎？已經存股很長一段時間的人，和大家分享他在存股時看到的優點；存股存一半的人，提供所看到的優點和缺點，還擔心山頂不知在哪裡？還沒進入存股的人說：「你們都在騙人！」

雖然大家都在存股的路上，但進程不同，有時候產生疑慮是正常的。但悟天想告訴你的是，存股這條路很寬敞、坡度很緩，還蠻

好走的。只是，能堅持走到山頂的，沒幾個人，很多人半途就下山了，因為「太慢」，等不到可以觀看大好風景的機會。

:: 存股的進場時間及股價

當挑選好了存股標的，要怎麼進場買呢？現在的價位適不適合進場？我會說：「先了解自己能存股多久」，也就是以「時間」作為 SOP 的一大依據。

存股很重視「持有時間」，簡單來說，如果你打算買進存股後會持有 20 年以上，非常恭喜，無論什麼時間點，什麼價格買其實都可以！因為，你不會賠錢，只有賺多和賺少的問題而已。

如果你想持有股票的時間很短，甚至幾年內一定有一筆支出 (例如買房子、結婚、買車……)，那老實說，要考慮的就比較多了，例如價位、投報率、進出點……因為持有時間太短，利潤和風險並存，出場時勝率多少，實在很難斷定。

● 以中華電 (2412) 為例

進場存股有時候需要一些衝動和勇氣，但先要擁有降成本的思維，以中華電 (2412) 股價進場點來舉例，它這幾年的股價都在 105 元附近，每年差不多配發 5 元的現金股利，所以你要這麼想：

▶ 現在買跟 1 年後買在 100 元左右買是一樣的

▶ 現在買跟 2 年後買在 95 元左右買是一樣的

▶ 現在買跟 3 年後買在 90 元左右買是一樣的

▶ 現在買跟 4 年後買在 85 元左右買是一樣的

▶ 現在買跟 5 年後買在 80 元左右買是一樣的

你想在 5 年內等中華電跌到 80 元再買進，實在有點難，所以要先問自己：「有耐心和時間持有存股嗎？」

● 以第一金 (2892) 為例

存股何時買進？實在是大哉問！悟天提供自己的見解，以第一金 (2892) 為例：假設老王、小張兩位都想買第一金當作存股，它現在的股價 20 元，每年配發股息 1 元，老王以 20 元買進，小張則堅持一定要買在 16 元以下。

老王現在買 20 元，存股族要這麼想：

▶ 跟明年配息降成本後買在 19 元是一樣的

▶ 跟 2 年後配息降成本後買在 18 元是一樣的

▶ 跟 3 年後配息降成本後買在 17 元是一樣的

▶ 跟 4 年後配息降成本後買在 16 元是一樣的

▶ 跟 5 年後配息降成本後買在 15 元是一樣的

小張想買在 16 元以下，所以 4 年內第一金股價降到 16 元以下，

小張成本可以贏過老王；如果 4 年後第一金股價才到 16 元以下，老王成本則可以贏過小張。

　　判斷買進價格，可以把持有的時間考慮進去，因為限定自己非在某種價格才要買進，那就有可能陷入永遠買不到的窘境。

　　因此，存股的進場點不如用悟天的方法，想想你能持股多久？用「時間」去降低成本，才是符合人性的買法，畢竟，股價的高點、低點和持有的時間，我能掌握的只有最後一個，不是嗎？

　　例如：我想買 16 元的第一金，但股價是 20 元，如果持有 4 年，就等於預買 4 年後 16 元的第一金，而這段期間，不用為了它的股價高低在煩惱。所以，什麼時候買都可以。

:: 3 個步驟，確認現在是否適合「買進」

　　還是有人會說：「我實在不想在股價很高的時候購買呀！」我教各位一個判斷是否可以買進的方法，也就是悟天買賣股票的 SOP 流程：

● 以 3 年內可以存到股價淨值的角度來計算。

　　例如第一金的淨值為 17.36 元，目前股價在 21.5 元，想確認是否為高價，可以用下面幾個簡單的步驟來觀察。

步驟 1 　用第 31 頁掃描後所附的 EXCEL 表格，先填入近五年第一
　　　　金的現金股利和股票股利金額，然後可以看到現金股利
　　　　平均是 0.95，股票股利平均是 0.3。

範例					
2892	第一金	**3**	～	**6**	倍
現金股利					五年平均現金股利
第一年	第二年	第三年	第四年	第五年	
0.7	0.95	1.2	0.9	1	0.95
股票股利					五年平均股票股利
第一年	第二年	第三年	第四年	第五年	
0.65	0.45	0.2	0.1	0.1	0.30

步驟 2 　填入淨值 17.36 元以及目前股價 21.5 元。
　　　　查詢淨值可以直接進入 YAHOO 股市→輸入股號→點選資
　　　　本資料，或是上公開資訊觀測站即可。

範例					
2892	第一金	**3**	～	**6**	倍
現金股利					五年平均現金股利
第一年	第二年	第三年	第四年	第五年	
0.7	0.95	1.2	0.9	1	0.95
股票股利					五年平均股票股利
第一年	第二年	第三年	第四年	第五年	
0.65	0.45	0.2	0.1	0.1	0.30
淨值	目前股價	目前買進需幾年到淨值			
17.36	**21.5**	需要	**3**		年
建議買進價（元）以下			建議賣出價（元）以上		
21.9			**25.17**		

步驟 3　填入預估可以接受的時間倍數，我建議 3 ～ 6 倍。

範例					
2892	第一金	**3**	～	**6**	倍
現金股利					五年平均現金股利
第一年	第二年	第三年	第四年	第五年	現金股利
0.7	0.95	1.2	0.9	1	0.95
股票股利					五年平均現金股利
第一年	第二年	第三年	第四年	第五年	現金股利
0.65	0.45	0.2	0.1	0.1	0.30
淨值	目前股價	目前買進需幾年到淨值			
17.36	**21.5**	需要	**3**		年
建議買進價（元）以下			建議賣出價（元）以上		
21.9			**25.17**		

以悟天來說，金融及傳產股為 3 ～ 6 倍，電子股抓 4 ～ 10 倍，景氣循環股為 4 ～ 8 倍，此倍數沒有一定的標準，端看個人的個性以及耐受度。

以 3 ～ 6 倍來計算，第一金在建議買進價格以下買進，大約 3 年內可以降成本到淨值；6 倍則是指第一金在建議賣出價格以上買進，需要超過 6 年才能降成本到淨值。

悟天存股小筆記

　　自己計算時，也可用之前降成本（請見 110 頁）的公式，算到第 3 年時，可以發現成本降低為 **16.98 元，並且低於淨值 17.36 元！** 那代表現在以 21.5 元買進，持有 3 年後大約能降成本到淨值附近，所以目前這個的價位是可以買進的！

● **買入價位與淨值有關**

　　持有 3 年內能到達淨值，為相對可以買進的價位，若超過 3 年，則代表目前價位過高，有可能業績大好，造成股價近日漲幅較大，但還是需要後續觀察業績表現，以及配股配息狀態。

　　原則上，「目前買進需幾年達到淨值」小於或等於 3，都是好的買入價位，當然數字越小越好。相對來說，若買進後持有時間，需大於 6 年以上才能低於淨值，則代表短線上股價可能過熱，則可以考慮停利賣出或轉換存股！

　　若你的耐受度比較高，這個年限可以調整，例如改成 4 年以內買進，7 年以上才賣出或轉換持股。那能買進的價位就會相對提高許多，但「繩子」拉長，風險當然會比較大（如下頁圖）。

　　另外，像是中華電 (2412)，它的淨值在 50 元附近，股價卻在 105

範例					
2892	第一金	4	～	7	倍

現金股利					五年平均現金股利
第一年	第二年	第三年	第四年	第五年	
0.7	0.95	1.2	0.9	1	0.95

股票股利					五年平均股票股利
第一年	第二年	第三年	第四年	第五年	
0.65	0.45	0.2	0.1	0.1	0.30

淨值	目前股價	目前買進需幾年到淨值		
17.36	21.5	需要	3	年
建議買進價 (元) 以下			建議賣出價 (元) 以上	
23.51			26.87	

註：EXCEL 試算檔均附於書中第 31 頁的 QR CODE，供讀者方便試算。

元左右，就算每年配息 5 元，那也要 11 年才會將成本降到淨值以下，所以中華電不適合買進當存股嗎？那也未必，若這間公司的壟斷性高，又是產業的龍頭，買進的年限倍數就可以拉高來看。

基本上，悟天還是以 3 年買進、6 年賣出為一個參考數據。試想，3 年內接近淨值，6 年後又幾乎低於淨值一倍，和 6 年儲蓄險商品相比，風險馬上下降許多。如果你願意買 6 年儲蓄險，那設定 3 年內降到淨值的買法剛好適合你！

悟天存股小筆記

必學！存股致勝 SOP

　　我以自己的最愛第一金的 SOP 為例，建議買進價位為 21.91 元，賣出價位為 25.17 元，若可以搭配證券公司的 K 線圖，自己再繪製成類似下列的圖形觀看，就能讓自己在存股的買賣操作上更加一目瞭然。

★點線：淨值

★虛線：3 倍價位

★實線：6 倍價位

★實線以上：分批賣出區或轉換持股區

★實線到虛線：觀察區，觀察區業績是否有明顯好轉，是否需要變更總數

★虛線以下：買進區，且愈靠近淨值愈可以加碼

4-3

養成記錄交易的好習慣

很多人很喜歡隨性下單，今天看到大漲就追，明天看到大跌就拋，但既然要存股，除了心理建設必須先做好之外，希望你能改變自己的操作流程，養成記錄交易的習慣。

希望在每一次的存股交易中，都能記錄買賣的過程，包括：

▶ 為什麼要買進這檔存股？

▶ 買進的價位為何？

▶ 每年配股配息金額是多少？

▶ 預計買在幾年後的什麼價位？

▶ 因為什麼原因而賣出？

▶ 在買進與賣出的交易中，內心又存在哪些想法？

這幾項問題，讓自己明白當時為什麼去買進賣出，更重要的是反省為什麼成功或失敗，這個過程本身就是在進行一個心理現象，也就是「心口如一」。

簡單來說，人是健忘的，當初在這個價位買進股票時，一定有其道理存在，用白紙黑字寫下來，能更讓你去堅持所做的決策。

把這份記錄表張貼在醒目之處，最好在每次下單前都可以看到的地方，相信效果顯著。若是失敗則檢討原因，當你成功時，也可以告訴自己這個方法可行，增強繼續持股的信心。

我的存股記錄

日期	類別	價格	股數		費用	金額	
2015/01/19	現股買進	18.25	60,000	0	1,560	1,095,000	
2015/05/20	現股買進	19.30	36,000	0	990	694,800	
2015/07/28	現股買進	18.65	31,000	0	824	578,150	
2015/08/19	除息	0.00	0	0	3,365	0	
2015/08/19	除息	0.00	0	0	0	0	
2015/09/10	除權	0.00	8,255	0	0	0	
2015/09/22	現股買進	14.70	16,459	0	0	241,947	
2016/05/03	現股買進	16.25	75,000	0	1,742	1,218,750	
2016/08/25	除息	0.00	0	0	6,391	0	
2016/09/10	除權	0.00	10,202	0	0	0	
2017/04/19	現股買進	18.25	4,000	0	104	73,000	

　　不論最後是賺錢或是虧損，都要檢視一下當初買進和賣出的操作，是否有失當或是需要調整，股市最終還是試煉人性的戰場。

　　例如：暢銷書作者小資女艾蜜莉，也會在自己的部落格或網站裡，記錄投資過程，不論是獲利或是虧損，正視投資經驗與過程才是改變的開始！

0	1,096,560	存股：建立基本持股 - (60000 股 /18.28) - 預估買在 2 年後 15.8 元
0	695,790	存股：加碼股 - (96000 股 /18.67) - 預估買在 2 年後 16.2 元
0	578,974	存股：加碼股 - (127000 股 /18.67) - 預估買在 2 年後 16.2 元
0	85,535	除息：0.7(88900-2 代健保 3365) - (12700 股)- 第一年
0	15,085	折讓款
0	0	除權：0.65(8255 股) - (135255 股 /16.79)- 第一年
0	241,947	存股：增資股 (16459 股) - 成本 14.7- (151714 股 /16.56)-14.7 ※ 應該不會跌破
0	1,220,492	存股：加碼股 - (75000 股 /16.47) - 從低檔翻起，加碼買進
0	208,987	除息：0.95(213578) - (226714 股)- 第 2 年
0	0	除權：0.45(10202 股) - (236916 股 /14.88)- 第 2 年
0	73,104	存股：加碼股 - (4000 股 /14.93) - 公布股利政策後買進 (今年資金比較少)

4-4　想要賣出存股，必須觀察 3 個指標

「存股不是都不賣出嗎？為什麼需要賣出呢？」其實，存股不是傻傻存、無腦存，而是比較少交易、比較少買賣。

因為選擇好的存股標的，所以「原則上」可以放著不動，安心獲得應該要有的利潤，但還是有可能會遇到需要賣出的時候。在何時可賣出存股呢？我認為可以觀察以下 3 個指標：

∷ 指標 ❶ 公司業績變差時

不一定每次股價反轉向下就代表公司業績變差，如果是遇到系統性風險或是單一事件時，股價反轉向下修正，反而應該買進才對。簡單來說，就是遇到業績沒有大幅變差，但股價卻突然下跌，適合加碼再投入。

就像遇到百貨公司的特賣活動，平時慣用的保養品或襯衫，正在打七折，那就應該趁折扣大時撿便宜才是。

在 2017 年，第一金控 (2892) 遭遇到慶富案，需要打呆帳約 45 億元，這對第一金來說是個重大的利空，也造成股價從 20.75 元下跌到 18.65 元，該年度的 EPS 也只剩下 1.27 元，且影響隔年的配股配息，現金只配 0.9 元，股票配 0.1 元。當年業績變差了，但慶富案造成的虧損是每年出現的嗎？不可能呀，所以當第一金打消呆帳之後，獲利動能就會恢復，股價就應該回到應有的水準。

2018 年，第一金 EPS 回升到 1.4 元，股利則配發現金 1 元和股票 0.1 元，股價也攀升到 22.8 元 (2019 年 6 月)，回頭來看，當初的 18.65 元應該是買點而不是賣點。

如何觀察公司業績是否真的變差呢？可從 EPS 來看，如果連續兩年 EPS 都下降，且對於公司的經營有所疑慮，建議你賣出停利或是換股操作。

:: 指標 ❷ 需要用錢時

當你需要用錢時，不管是停利或是停損時都要出場。因此，在買存股前，悟天也要提醒各位讀者，儘量用閒錢去投資存股，否則，它雖然可以降成本，但不代表「短時間」內帳面不會出現虧損。

若剛好在帳面出現虧損又急需用錢，而你自己也沒做好資金管控、預留預備金，那時忍痛殺出真的會讓人捶心肝，所以平常把資

資金分配做得好，存股也能存得久。

∷ 指標 ❸ 股價超漲時

　　股價超漲的狀況很難說，有可能是因為業績突然變好，造成股價飆升，這時候賣出可能會減少持股的獲利，但也有可能純粹是股價漲多了，建議在這種條件下可以分批出脫，每次賣出三分之一的股票。

　　話說回來，如何判斷股價超漲呢？很簡單。

　　可以利用前面提到的買賣 SOP 流程軟體去判斷，當我們設定倍數是 3 ～ 6 倍時，那股價大於「建議賣出價 (元) 以上」，就可以考慮出脫存股。

　　它就是目前存股標的的股價，就算參與除權息 6 年，也無法降成本到淨值以下，意謂股價超漲，這時存股族可以選擇出脫股票停利或是換股操作。

　　以下面的例子來說，當第一金股價超過建議賣出價 (元) 以上的 25.17 元時，悟天會先賣出三分之一的持股數量；而當股價到了 26.9 元 (7 倍) 時，則會再出脫三分之一；然股價到 28.65 元 (8 倍) 時，就會再出脫最後的三分之一持股。

範例					
2892	第一金	**3**	～	**6**	倍
現金股利					五年平均現金股利
第一年	第二年	第三年	第四年	第五年	
0.7	0.95	1.2	0.9	1	0.95
股票股利					五年平均股票股利
第一年	第二年	第三年	第四年	第五年	
0.65	0.45	0.2	0.1	0.1	0.30

淨值	目前股價	目前買進需幾年到淨值		
17.36	26.9	需要	7	年
建議買進價 (元) 以下		建議賣出價 (元) 以上		
21.91		25.17		

　　當然，我可以選擇都不賣，等它的股價跌回建議買進價以下再買，因為也有可能是第一金業績大漲造成股價飆升，所以不賣，繼續降成本其實也行，就看自己的評估。

　　當股價在「建議買進價 (元) 以下」到「建議賣出價 (元) 以上」時，屬於觀察區的原因就在這，此時要做的，不是觀察股價，而是注意業績是否有成長，是不是需要將區間 3 ～ 6 倍調整為 3 ～ 7 倍！

::「換」存股的評估

在存股過程中，雖然目前獲利 40 ～ 50%，但看到有更好的標的，很想把現在的持股全部賣掉或出清一部分，買進另外一支存股；但目前的存股已經存了 5 年，代表降成本 5 年，賣出又覺得有些划不來，買新的等於又要從頭開始，實在好苦惱，且又違背自己一開始存股的目標。

此時不妨轉換思維，如果不是賣出所有存股的話，就屬於「轉」而非「賣」。只是把 A 存股轉換標的到 B 存股，然後獲利依然存在，繼續享受 B 存股的配股配息，這樣做雖然和直接買新股的收益相同，但心情上會完全不一樣。

● 存股獲利是累積下來的

假設我現在持有 A 存股 1 萬股，已持有 5 年，目前股價在 12 元，而 5 年配股息的降成本是 10 元，想賣出持股，轉換到股價 20 元的 B 股。一般來說，會認為新買進 B 存股的成本在 20 元，也就是重新開始另一個存股。

雖然在 A 存股的投資上賺到錢，但這 5 年的降成本利潤就消失了，不免覺得有些可惜，心情也要重新跟著股價起伏。有做過存股的人都知道，前三年心情起伏最大。所以悟天教你換股且把時間成本跟著一起轉換的方式。

我的建議是，可以用 12 元賣出 A 存股 1 萬股，總收益為 12 萬元，並用這筆錢買進 20 元的 B 存股 6 千股，那成本呢？其實 B 存股的降成本可以用下列公式算出：

（降成本價格 x 賣出股數）÷（賣出價格 x 賣出股數 ÷ 買進價格）

= 新存股降成本

依照公式算出（10x10000）÷（12x10000÷20）=16.67 元

轉換存股的成本計算法

欲賣出存股 (A) 的價位	欲賣出存股 (A) 的降成本	欲賣出存股 (A) 的股數
12	10	10000
欲買進存股 (B) 的價位	可買進存股 (B) 的股數	實際買進存股 (B) 的股數
20	6000	6000
		買進存股 (B) 的降成本
		16.67

　　因此你持有 B 存股的價格，其實就可以降成本在 16.67 元，這樣之前 5 年「降成本」的努力，不會因為轉換存股而消失了；你還是獲利 20%，只是轉換到更有機會成長的存股而已，而這樣的思維在轉換存股時，應該會輕鬆許多！

　　你因為可以降成本，持有比現在買進 B 存股的人更低的價格，心態上比較能調適，且不會因為轉換存股，就把之前費心經營的時間成本，一次付諸流水。

有人說這個方式實在太阿Q，也有人說不就是換股操作，有需要這麼複雜嗎？很多時候就是因為心態不同，後續的操作行為也會不一樣。

● 就算不想換也沒關係

股市中個股經常會輪漲，例如，現在是玉山金 (2884)，我就轉換存股到玉山金，享受它的漲幅，這會比只放在第一金不動還要好；就算沒有漲，它本身也是一個好的存股標的，持有之後可以繼續降成本，用這樣的方式去「換」股操作。

當然，如果不想變動，直接買新股以新成本持有，也沒關係。

上述的換股操作還是必須提醒，高點、低點、時間，三個因素中能掌握的只有時間，所以轉換股票是否適當，還是要自己下過判斷才行。

 存股小語錄

存股的「存」不是指定存，「股」不是指台股所有股票！

4-5　存股勝率「保證班」的 4 大關鍵

股神巴菲特（註）曾經說過：「投資的第一法則，就是不要賠錢，第二法則就是不要忘記第一法則。」

我剛進入股市時不懂這個道理，直到存股，才看見不賠錢勝率百分百的硬道理。

先問個問題：「你在股海中第一個想到的是：一、獲利？二、是風險？三、不賠錢？」年輕時的悟天只想要獲利，所以哪裡有錢賺我就往哪裡衝。電子股、科技股、IC 設計、融資、當沖、期貨、選擇權……小弟都曾嘗試過，但，最後結果還是提早被判出場。現在的悟天看的不是獲利，而是有沒有讓我在股市中「不賠錢」的方法？

註：華倫‧愛德華‧巴菲特 (Warren Edward Buffett)，美國投資家、企業家及慈善家，世界上最成功的投資者，以長期的價值投資與簡樸生活聞名。

:: 關鍵 ❶ 可持股的時間長短，就是致勝點

如何在股市中不賠錢？其實，答案真的很簡單，就是「持有的時間」。

很多朋友問我：「投資這支存股好不好？下手那檔存股好不好？」我通常都會反問：「你買進的目的是什麼？你打算持有多久？」

持有的時間搭配每年配股配息，以及降成本的概念，就可以讓你存股勝率百分百。持有的時間是決定是否會賠錢出場的關鍵。持有時間越長，配股配息降成本，基本上，是不太可能賠錢。因為當「降成本」等於或小於 0 時，賠錢機率也是 0。

在股市裡建立正確的「觀念」就先立於不敗，只剩下賺多和賺少的問題，賠錢這個選項已經成為絕緣體。

做完心態調整，你還會擔心短期的下跌？或遇到股災嗎？當然不會！從此，買股票就變成一件很開心的事，因為你知道，不可能會賠錢。

:: 關鍵 ❷ 從容看待股災

　　沒經歷過股災，就好像沒玩過股票一樣。它到底可不可怕？那還用說！ 2008 年的金融海嘯時期，股票價格腰斬再腰斬，台積電 (2330) 從 73 元跌到 36 元，聯發科 (2454) 從 656 元跌到 177 元，鴻海 (2317) 從 300 元跌到 52.6 元，甚至連鴻海董事長郭台銘都跳出來說：「這個景氣還要再壞三倍」。

　　大家悲觀到了極點，當時每日成交量只有 300~600 億，每天開盤很多檔股票繼續跌停，市場一片哀嚎聲，恨不得幾個月前就賣掉手中的持股。

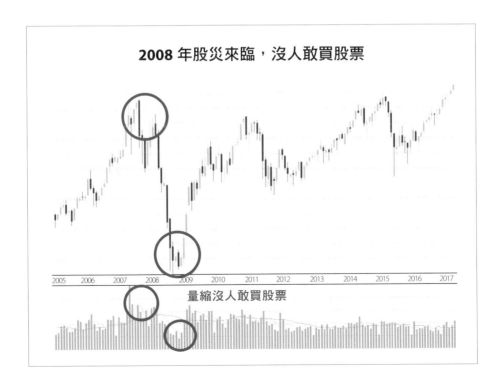

2008 年股災來臨，沒人敢買股票

量縮沒人敢買股票

事後回頭來看，每個人都覺得當時應該傾全力去買股票，但經歷過的人才知道，那樣子的氛圍，逃都來不及了，實在很難讓人下手投資。同樣，在存股中也會遇到股災，因為長時間持有，股災躲都躲不掉，如果先幫你打預防針做好準備，大難來時才可以從容面對。

　　《孫子兵法》裡說：「勿恃敵之不來，恃吾有以待之。」意思是不可以心存僥倖，認為敵人不會來，而是先做好準備。股災來時不可怕，怕的是存股族沒有錢可以加碼。

　　2018 年 10 月 11 日，我的印象很深刻，台股當天大跌了 660.72 點（號稱史上最大跌點），很多人馬上聯想到 2008 年的金融海嘯，以為股災又要來了！

　　「快逃呀！早逃的斷頭髮，晚逃的斷手、斷腳，最糟是斷頭呀！」當時新聞裡出現各種預測。即將下看 6,000、5,000、4,000、3,000 點的壞消息蜂湧而出，存股的股友們，遇到這樣的狀況難道不會害怕嗎？心理素質不夠的股友，應該會選擇把股票賣光光，就算是賠錢出場也在所不惜。

　　你認為的股災，對存股族而言，應該是大撿便宜的好時機；你想躲過的股災，對存股族來說，也不過是必經的過程；你害怕的股災，相對於存股族，不見得是一件壞事。存股最大的利空是漲多了，股票最大的利多是跌深了。

存股講求的是持有的時間，時間越長，越是容易遇到股災。先把心理狀態調適好，股災來時也不會驚慌失措。

土耳其諺語曾說：「即使全世界都淹水，對鴨子都毫無影響。」你認為的壞事，不一定對所有人都是壞事。別再用價格投資的思維去看待股災，也別抱怨為什麼股災會來，就因為阻止不了，所以才應該學習在淹水時怎麼當隻鴨子吧！

:: 關鍵 ❸ 趁早存股，用配息降低成本

投資的時間越早，會面臨越多次的配股、配息。這些配股、配息可以降成本，也就是護城河的時間越久，越是穩固。試想，如果第一金買在 18 元，配股配息 1 元，每年降 1 元成本，6 年後遇到股災，持股成本在 12 元附近。而第一金在 2008 年金融海嘯時的最低價，也在 12 元附近，原則上完全不受股災影響，可以繼續抱緊下去。

:: 關鍵 ❹ 如果有餘力，可準備第二筆資金

準備第二筆資金，在股災來臨時可以伺機買進存股。低買高賣誰都喜歡，但是想要存股買低價，除非遇到重大利空，或是股災才有辦法。

還記得前面章節提到的如何進場買存股嗎？當股災降臨，這時，

「目前買進需幾年到淨值」的數值一定等於 1，也就是股價低於淨值，不趁這個時候掃貨，難道要等漲起來再買？

股災不可怕，怕的是資金沒控管好，萬一沒有緊急預備金，又需錢孔急，那就只能含淚賣股了！

相信做到以上四點，你的存股報酬率就會像釀酒一樣，越來越濃、越來越醇、越陳越香！

 ## 悟天存股觀察室

買在高點、低點，傻傻分不清楚

- **賺價差投資的買法**

　　我們先來看圖一，請問你能判斷這裡是高點還是低點呢？

【圖一】　股價判斷圖

股價到這裡，沒人知道
接下來要漲還是跌

如果你問我，我說我只知道會有兩種情形，也就是圖二，一種是漲，一種是跌。

【圖二】　兩種情況圖

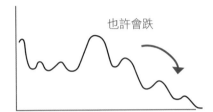

如果在股價一直下跌時，價格投資者會希望能低買高賣，但悟天曾說過這不符合人性，為什麼呢？請看圖三。

【圖三】　價格投資者都想買在紅色圈處

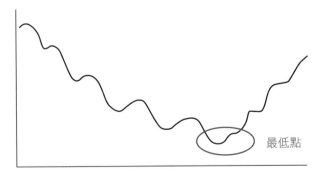

價格投資者因為害怕風險，都想要買在紅色圈處，也就是買在最低點的地方，但往往卻買在虛線圈處（圖四）。

　　虛線圈處、紅圈處到底哪個才是最低點？都是事後等 K 線翻漲之後才能判斷的，當只有虛線處出現的當下，誰能判斷還會有更低呢？然後在虛線圈處被騙了 4 次，又有誰能在紅圈處出現時勇敢買進呢？

【圖四】　價格投資者經常無法判斷最低點，都買在虛線標圈處，然後被套牢，真正紅圈出現時卻不敢買進！

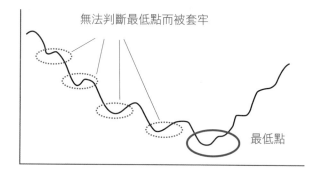

無法判斷最低點而被套牢

最低點

● 存股投資的正確買法

　　假設第一年買進後，經過持有的時間，每一年的成本都像圖五的紅色線一樣逐年下降，雖然前 4 年股價和「降成本」差異不大，但從第 5 年開始，股價和「降成本」分開，且越分越開，這時就可以選擇在第 5 年或是第 6 年伺機加碼，不會讓你的持股成本比股價高，這就是存股族勝率百分百的原因。

　　當然，這個前提必須選擇優良的存股，此外，還需要持有的時間和配股配息降成本，這樣一來就知道，股災沒有那麼可怕。

【圖五】　價值投資的正確買法

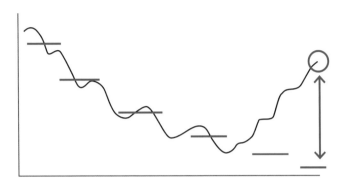

　　就像是悟天，雖然買股都買在紅色圈圈處，但是代表成本的淺色圈卻是逐年的下降中，就算股價下修，又還有什麼好擔心的呢？

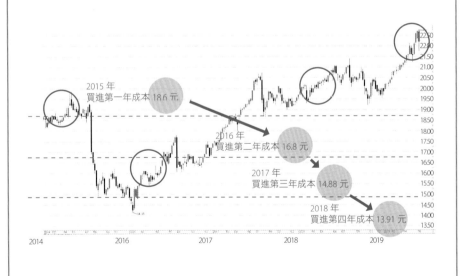

第 5 章

破解存股 10 大常見疑問

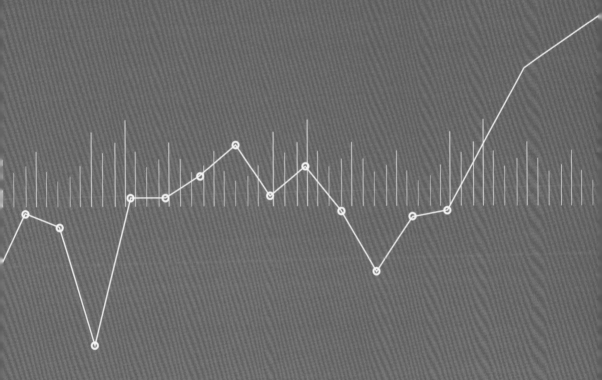

存股在近年來成為顯學，一方面是因為股市實在不好做，賠錢的人永遠比賺錢的人多，且大多數的散戶都是賠錢的，原因在於我們賺不贏大戶的資訊，也很難贏過花許多時間研究股票的專業人士，所以悟天一直強調要遠離股票戰場。

然而，受限於大環境的因素，利率越來越低，銀行定存目前只剩下 1.05% 的狀態下，不投資，資產又會被通膨怪獸吃掉，所以對於小資而言，學習如何存股，學習如何用錢買別人的時間，是十分重要的課題。

存股雖然不會讓我們快速致富，但是在股市中，它卻是用符合人性的操作方式，來獲取應有的利潤。

而了解存股的三要素：本金、時間、降成本後，悟天分享如何挑選優質的存股，怎麼買進存股並記錄下交易過程，什麼時機點才需要賣出存股，以及不怕股災勝率百分百的存股投資術。

但是，存股技術好比開車，了解存股的內涵就像買了一台汽車即使閱讀說明書，還是要實際去操作（手握方向盤，腳踩油門）才知道問題點在哪？才知道可能遇到的狀況是什麼？

而要駕馭汽車，開到得心應手，還是需要「時間」，所以，就算看完前面的章節，也千萬別覺得自己瞬間變股神，那是不可能的！

　　悟天在三大存股社團（總人數 15 萬）擔任管理員期間，看到許多股友常有疑惑和不解，以下即整理一些大家可能會遇到的問題，提出看法供讀者參考。

5-1 該選配現金或 配股多的股票？

「存股時該選該選配現金多、還是配股多的股票？」這是很多存粉們容易遇到的問題，悟天就在這裡幫大家解惑，不用再左右為難。

1. 原則上存股初期以配股高者優先。

2. 存股後期以配現金高者為主。

:: 存股初期優先選擇配發股票高者

為什麼呢？主要有幾點可以證明：

1. 因為股數累積會比較快速。想當然耳，都配發股票了，就算除權息後不加碼買進，股數也會持續增長，對於存粉來說，存股初期就是要盡量提升股數！

2. 除權息後因為配股多，造成股價快速下落，可以用現金買更多股數。如果懂得配股配息後股價的計算方式，就可以知道，同樣配1.5元，全配現金和全配股票滑落的價格，以後者較多，所以在存股初期，更有機會用便宜的價格，買進新的存股，增加張數。

3. 公司看好本身業績增長。公司決定配發股票，代表公司可以直接拿取上個年度的盈餘利潤，不需要再到集中市場募資，且拿著這筆現金，能擴大投資，獲取更多的利益，所以公司才敢發股票股利；若一間公司的業績擴張，已經達成某個階段或是發展到了極限，則通常會以配發現金為主。而存粉們都知道，我們就是希望存股的標的業績能穩定，能成長更好。

談完優點來談缺點了。配發股票的公司，要努力讓下個年度的業績成長，如果腳步沒有跟上膨脹的股本，EPS 就會下降，這樣會造成股價不易上漲，甚至不容易填權息。

簡單來說，配股會使股數增加較快，但若業績拉不上來，股價不填權息，就容易造成賺了股息、賠了價差的事情產生。這就是存粉們不樂見的結局了。

:: 存股後期喜歡配現金股利

此外，相較於存股初期喜歡配發股票股利，存股後期則會比較喜歡配發現金股利比率高的公司，因為配發現金並不會膨脹公司的股本，或造成公司業績的壓力，且配發現金存股族才能得到現金流，是退休時非常不錯的理財方式。

退休者喜歡每年都能領取現金，且不需要變賣股票，至於獲得

現金之後，是要拿來自用還是持續增加存股，都可以自己決定。但缺點是公司業績也有可能不會再有爆發性的成長。而業績沒有爆發性的成長也代表著股價會趨於平穩，以存股的標的來看，中華電 (2412) 和兆豐金 (2886) 就有這樣的特性。

以 2886 兆豐金為例，兆豐金是間好公司，在官股中獲利穩定且表現又很優異，但奇怪的是，比較少人討論？這是一間優質的公司，絕對有很多人「持有」，只是因為兆豐金近 10 年只有 2 年有配發股票，且近 6 年都只有配發現金股利，沒有股票股利，而這有什麼影響呢？

舉個例子來說，假設兆豐金目前股價 25 元，同樣都配 1.5 元，A 方式是只配現金 1.5 元，B 方式是只配股票 1.5 元，看看兩者差異在哪？

兆豐金近年配股配息狀況

年度	現金股利	盈餘股利	公積配股	股票股利	合計
107	1.76	0.00	0.00	0.00	1.70
106	1.50	0.00	0.00	0.00	1.50
105	1.42	0.00	0.00	0.00	1.42
104	1.50	0.00	0.00	0.00	1.50
103	1.40	0.00	0.00	0.00	1.40
102	1.11	0.00	0.00	0.00	1.11
101	1.10	0.00	0.00	0.00	1.10
100	0.85	0.15	0.00	0.15	1.00
99	0.90	0.20	0.00	0.20	1.10
98	1.00	0.00	0.00	0.00	1.00
97	0.25	0.00	0.00	0.00	0.25

（單位：元）

A 方式：　如果持有一張 25 元兆豐金，全配現金 1.5 元，就是拿到現金 1500 元和原本 1000 股，但股價下降成 23.5 元的股票。若兆豐金能順利填權息則是賺到 (25-23.5)/23.5=6.38%。

B 方式：如果持有一張 25 元兆豐金，全配股票 1.5 元，就是拿到配股 150 股 (價值 3261 元 =150 股 x21.74 元) 和原本的 1000 股共 1150 股的股票，且股價下降到 21.74 元。若兆豐金能順利填權息則是賺到 (25-21.74)/21.74=15%。

同樣都是配 1.5，但發現嗎？配股的價值比配息高。但相對股價也回落較多！如果業績可以持續增長，填權息後配股的方式獲利較大。且因為股價跌落較多，若要持續加碼，相同金額可買進兆豐金的股數也跟著增加。

:: 沒有標準答案，取決個人需求

如果你了解除權息的意涵，就比較能判斷自己喜歡哪種方式。以現金股利來說，配發現金股利的股本不會膨脹，如 P168【圖 1】；而現金股利是指股份公司向股東支付現金，又稱配息，即給予股東即時的資本回報。

至於身為股東的你，拿到現金之後要做什麼，那就自己決定；可以把它投入現在的存股，讓自己的持股比例變大。

但配發股票股利的股本就會像【圖2】一樣。股票股利或「以股代息」是指股份公司以贈送新股，代替支付現金股利給股東，又稱配股。對於優質股，股票股利給予股東獲取更大回報的機會，股東期望股份價值上升及繼續以股代息，好利用複息效應把錢愈滾愈大。

但對於經營不善的公司，股票股利只是「零成本」印股票，因為公司沒有「多餘的」現金可派息。配發股票，等於是把原本要發的現金，直接留給公司使用，那就要期許公司善用這筆資金，讓業績能跟上膨脹的股本，把餅變大。但是，你和其他股東的持股比例是沒有改變的喔！

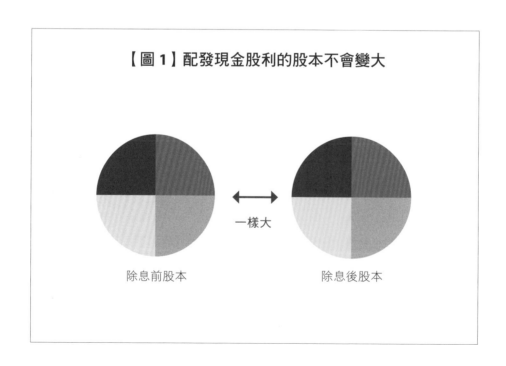

【圖1】配發現金股利的股本不會變大

除息前股本　　←→　一樣大　　除息後股本

你喜歡除息（現金）還是除權（股票）呢？兩者意義不太相同喔！其實並沒有哪個方式一定比較好！重點是公司業績要能持續成長不衰退，不管配現金或是配股票都是很棒的！所以，下次再有人提問你存股要買配現金高的還是配股票多的公司呢？我想，你一定可以幫自己和他做出最正確的決定。

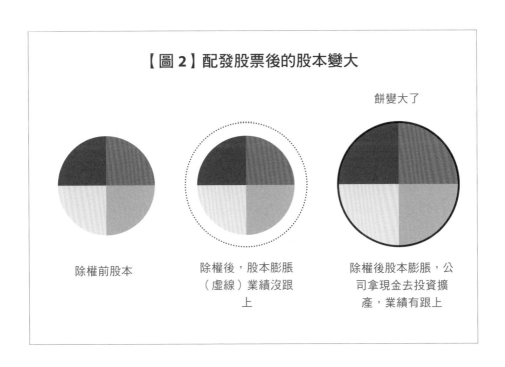

【圖 2】配發股票後的股本變大

餅變大了

除權前股本　　　除權後，股本膨脹（虛線）業績沒跟上　　　除權後股本膨脹，公司拿現金去投資擴產，業績有跟上

5-2　存股時分散持股，或集中持股哪個好？

很多人認為，分散持股會比較安全，集中持股則容易把自己暴露在高風險的情況下；悟天覺得，這個思維沒有錯，只是不容易做到，而且有盲點。

首先，我們來探討什麼是風險。試著問自己一個問題，如果今天要照顧小孩，你會覺得一個人只照顧一個小孩，還是同時照顧 5 個小孩的風險比較大？我想，答案顯而易見。存股也是如此，專心投資單一存股，反而更有助於降低投資的風險。

你大概會想，這怎麼可能？把所有資金集中在一個籃子，如果遇到下跌、股災或是公司業績不振，不就虧慘了？

其實當你集中持股時，你會對這間公司瞭若指掌，就像只照顧一個孩子一樣，會把所有的精力集中在他身上，只需要關心一間公司的財報、營收和新聞，任何相關資訊唯它獨尊。但分散投資五間公司，財報、營收、新聞等都要關注五份，你確定有時間去掌握這麼多的資訊量嗎？

投資大師費雪 (註) 曾說：「人的精力總是有限的，過於分散投資，迫使投資人買入更多自己並沒有充分了解的股票，而這可能比過於集中投資還要危險。」

:: 存股是不會破的籃子

當然，一定有人不認同這樣的觀點，俗話說：「雞蛋別放在同一個籃子裡。」如果持股集中一支，不就是把雞蛋 (資金) 放在同一個籃子（存股）裡嗎？

這個說法也沒錯，但前提是這個籃子會破，所以雞蛋放在裡面很危險。

還記得在前面章節提到，怎麼挑選優質的存股嗎？當你確信找到的標的物是很穩定的，甚至不太可能會倒閉時（例如官股），若還想分散到其他標的物，是否有可能把雞蛋放到會掉落的籃子呢？

股神巴菲特也說：「不要把所有雞蛋放在一個籃子裡的說法是錯誤的，我們應該像馬克吐溫所說的，把所有雞蛋放在一個籃子裡，然後看好它們。」

註：菲力浦·費雪（Philip A. Fisher，1907-2004）：現代投資理論的開路先鋒之一，成長股價值投資策略之父，是華爾街極受尊重和推崇的教父級投資專家。

很多股友是為了分散而分散，自己根本不知道買進的標的物到底是什麼（甚至根本就不屬於存股）？那樣做反而讓自己更容易陷入投資的風險之中。

此外，如果台股大跌或是同類型公司大跌，依照我在股市中多年的經驗，很少有哪支個股不會受到波及的，因此，把資金放在台股中分散到不同持股，不一定能分散風險。

:: 分散風險還是製造風險？

這篇文章不是要一竿子打翻存股標的多的人，也不是要大家看完之後就全集中於一檔持股，或是馬上學習這麼做。

不管你買的存股是一支、兩支、五支，資金就像是雞蛋一樣，應該把它放在少數你信任的籃子裡，而不是為了要分散風險，就把它放到連自己都不知道會不會掉落的籃子中。

下次有朋友問你：「我買這支股票作為存股好不好？」你應該告訴他：「這支存股也許是好的，但是你持有的風險卻很高，因為你連為什麼買進都還搞不清楚，那風險還不高嗎？」

不論持有幾支存股，自己都應該做足功課，所謂的「風險」並不是來自於數量，而是來自於是否真正了解持有的存股。

　　此外，請各位在投資任何存股以前，都應該用審慎的方式，去評估為什麼要買進這檔股票。我看過太多「看起來」在存股，但卻買進不適合標的的人，以為自己也在存股；台灣股市這麼多支股票，並不是只買不賣就叫做存股。 所以，宏達電、國巨等股票，我絕對不會作為存股標的。

:: 別把套牢股當成存股

　　金融股是最近很常被當作存股操作示範的標的，但不是所有的金融股「從古至今」都適合當作存股，金融股歷史悠久，有的從銀行一直到金控，有的原本是證券，後來合併公司後變成金控公司。

　　以前在鼓勵儲蓄的時代，銀行定存都還有 8%，300 萬現金一年的定存利息有 24 萬，那時的股市氣氛大家都在瘋漲停板，很少人在存金融股，所以我們也不會買 1,000 元以上的國泰，然後一直抱到現在，安慰自己說是存股。

　　別忘記，買進存股要先看的準則之一：3 年內可以降成本到淨值，才是好的理想價位。存股的標的是要經過慎選，別再把套牢股說成自己在存股了。

　　如果你是存股界的新手，建議就從一支開始存，這樣比較好照顧。等時間久了，享受到降成本的效應，就能開始感受存股的美妙。

待累積較多經驗值之後，若覺得心有餘力，則可以朝向多支存股邁進，但還是建議不要為了分散而分散。

　　記得，在手中的存股數量，不要超過五支較為穩妥。

悟天存股小筆記

　　請記住：因為你操作的是自己的錢，實實在在、白花花的鈔票，相信沒有人會拿自個的資金開玩笑，也沒有人願意交由他人去亂投資！因此，自己的投資必須自己負責任。

　　我不鼓吹買哪一支股票，分享的只有存股的「觀念」，讓你從以往的價格投資能順利地轉換成價值投資。

5-3　分享存股是為拉抬股價？

　　前一陣子在存股社團中，看到有股友提及，網路上或是出書提倡存股的人，都是在說自己持有的股票，因為他們希望藉由鼓吹存股的行為，讓股友們前仆後繼地買進他們的持股，好進一步維持股價不墜。相對來說，這些老師就能降低持股的風險。

　　乍聽之下似乎有些道理，但是，仔細推敲一下，會發現兩個迷思。

∷ 迷思 ❶ 存股股本大，如何操作股價？

　　通常選做存股標的的股本都很大，股價實在不容易被人為隨意拉抬。

　　選擇存股時，要挑容易買賣且股價穩定的，亦即股本在 300 億以上的存股，這代表它們的股票都有 300 萬張以上，很難被人為操控。

　　例如悟天持股最多的第一金，其股本就有 1233.86 億，換算成股

票張數有 1233.86 萬張，很難用散戶的力量來讓這隻大象跳舞吧！

算算悟天自己的持股，目前也只有佔比 0.0000254316 呀，如果教人存股是為了拉抬股價，那請大家給我力量，讓我們一起把第一金股價推向 1,000 元吧！（我知道根本不太可能）

悟天從寫部落格到出書，從來不會建議別人去買股本小，或是每日成交量只有 200~300 張的股票作為標的，因為我的目標是存股。

什麼叫做「存」股？

就是有朝一日，可能會有 100 張、200 張、500 張，甚至上千張的股票，當然不能選擇成交量低的公司呀！要買就要設定流通性和股本皆大的股票，因為它們被哄抬的機率真的很低。

所以，別再認為網路上或是出書教人存股的作者，可以影響第一金、中信金等等的股價了，這實在太抬舉我們囉！

:: 迷思 ❷ 股價漲跌，對真正存股族根本沒差

如果藉由所謂的存股老師們鼓吹之後，造成股價上漲或不跌，但公司的業績持平，配股配息也沒隨著股價增加，明明獲利不變，悟天卻還要繼續買進存股，股價上漲反而會造成購買成本墊高，這

樣我不會比較開心吧！

　　相反的，存股股價下跌，只要公司獲利不要有太大變動，我反而會持續購買，因為購買成本下降，所以按照道理，在我還沒買夠的期間，會更希望股價下跌才對啊！

　　當我買完之後，才會盼望股價一直漲，最好漲破天！但這又不對了，難道這些提倡存股的老師們，都不再買進存股的股票了嗎？否則怎麼會做這種利人損己的事？

　　後來，悟天才發現，價差派喜歡低買高賣，所以很在意股票的價格；存股派著眼於公司的價值，所以反而喜歡逢低搶便宜貨。

　　當你正式踏入存股一段時間後，就會發現悟天說的，有一天，當持有的存股股價上漲時，反而會不知所措，不確定是該繼續買進，還是要轉換存股甚至賣出（但看過本書的你沒問題的，因為書中有教過判斷買賣的依據）；存股股價下跌時，應該會有點開心，因為可以伺機買進。

　　這就是存股派和價差派，操作股票心態上的差異。

5-4 存股其實是 賺股息賠價差？

「存股會賺股息賠價差嗎？」其實這是很多人的疑問。

畢竟，前面的章節提到，存股不會快速致富，而是為了得到應有的利潤。一定有人懷疑，存股族遇到除權息時，雖然領到現金股利和股票股利，但股價不是也下跌嗎？這樣笨笨存就能賺錢？

在股票市場中，除權息當天配發股息後股價會下跌，所以很多人覺得存股賺到股息卻賠了價差，若沒填權息的話，根本就不值得投資，這話乍聽之下很有道理，卻是大錯特錯的想法。

試想，你用 20 元買第一金股票，假設它每年配息 1 元，當持股超過 8 年，基本上成本就已經降到 12 元左右，這時已是不敗之身，怎麼可能會因為配股息而賠價差呢？甚至，當第一金持股成本降到 0，也就是零成本時，它的股價也會跌到 0 元嗎？

有人擔心如果第一金不配股配息怎麼辦？這就要回到存股何時賣出的考量。當第一金不配股配息時，代表業績十分難看，這時早

該賣出持股或是轉換存股了。

2008 年金融海嘯時，第一金還有配發 0.5 元的現金股利和 0.25
元的股票股利，合計 0.75 元，且又是官股，想要它不配股配息，可
能還有點難。

雖然配股配息會讓股價下降，但只要公司的業績沒有衰退，小
狗（股價）最後還是會回到主人（業績）身邊的。

只要持續配股配息就可以降成本，存股護城河也會越來越寬廣，
時間拉久只有賺多和賺少的問題，沒有賠錢這回事。否則，當存股
降到零成本時，股價難道也是零元？因此別再認為存股是賺股息賠
價差囉，短期內沒填權息是有可能，但存股是長期價值投資，發生
這樣的事情機率實在非常的小，幾乎不太可能。

5-5 股利超過 2 萬要扣二代健保，應該分散存股？

前面已回答集中存股還是分散存股，乃見仁見智的選擇，但悟天也提到，多一支存股，就必須多一分力氣去照顧，有的人適合，有的人卻無法分神。不過，如果是因為不想被扣二代健保的費用，而去分散存股，反倒是因噎廢食。

如果一支股票可以讓你獲利，集中在它身上豈不賺得更多？為了 1.91% 的二代健保而放棄，實在太可惜了。

在存股社團中，有很多股友對二代健保的認知有嚴重的迷思，以為存股一年好不容易才配 5 ～ 6%，卻因超過 2 萬就要被扣補充保費 1.91%，只剩下 3.09 ～ 4.09%，還不見得可以馬上填權息，這不是虧大了嗎？真是冤枉啊！大人。

舉例來說，當我擁有 100 萬的存股，今年配 5 萬的股利，殖利率是 5%，但因股利超過 2 萬元要扣補充保費 1.91%，所以真正發給悟天時，是扣除 5 萬的 1.91%，也就是 955 元 (5,0000x1.91%=955)。

　　實際撥到悟天帳戶的金額是 4,9045 元，換算回殖利率是 4.9045%，所以二代健保扣除的是 5% 中的 1.91%，而不是「5% 減去 1.91% 等於 3.09%」的意思喔。

　　這個誤會實在是太大了。在存股社團中，時常看到某些股友一直提問，其實二代健保的影響沒有這麼誇張，請讀者們了解之後再做判斷，別再人云亦云、三人成虎了。

5-6　要等低點時一次買進，高點時全數賣出？

　　要在低點時買進存股，我相信這句話沒有人反對，但是說真的，也沒有人可以準確預測高低點在哪？

　　股市的高點、低點，都是事後回頭檢視相對價位時才能判斷的，在發生的當下，根本無法確認。因此，「要怎麼買在低點呢？」這句話，便成了似是而非的迷思。

　　只要投資的資金控管得當，能夠在大跌時，有第二筆可以加碼，就可以算是非常厲害了。

　　反正每年配股配息，會讓持股成本大降，而買進新的股數，雖然又增加一些成本，但只要持續讓成本大降小增、大降小增，這樣遲早會低到零成本，如同擁有寬廣的護城河。

　　何必堅持一定要在低點買進呢？很可能買不到理想的價位且喪失時間成本，結果更不划算呀！

　　此外，為什麼悟天不太喜歡用「等待」的方式，來期待股價低點呢？因為，我不太相信它會低到那個價位！

::「等待」是最昂貴的成本

　　曾有股友問我，如果第一金到 30 元，會不會賣出持股或轉換到另外一支存股？我回答：「我們都想買到股票的合理價，但它每次出現的價格都是合理的。」

　　例如，第一金當年度 EPS 是 1.5 元時，股價 20 元是合理的，畢竟股價會跟著業績走，但我們都很貪心，都想在 EPS1.5 元時，買到股價 12 元的第一金，嗯……這機會很渺小。

　　倘若 12 元股價的第一金真的出現時，一定是因為當年度 EPS 下修到只剩 0.8 元甚至更低，如果第一金業績衰退成這樣，反而要選擇其他的存股標的進行換股或出清存股，這時你還會買嗎？

　　宏達電 (2498) 從 1,200 元跌到 30 元附近，那些在中途覺得便宜買進的，現在有多少人在捶心肝？而宏達電會如此慘跌，是因為業績衰退，便宜也沒有用呀！

　　又或者有人想要把存股出脫在高點，這樣的思維就是希望第一金 EPS 在 1.5 元時，股價卻漲到 30 元一樣；但第一金股價到 30 元時，

通常是因為業績大好，該年度 EPS 可能在 2.2 元以上，那不是更應該好好抱牢持股嗎？確定要賣嗎？

台積電 (2330) 從 60 元漲到 230 元，中途賣掉的，又有多少人在吐血，其股價大幅飆漲，也是因為業績長紅呀！

你以為心目中想買進的合理價真的會出現嗎？我覺得合理價每天都在出現，而這個價格就是當天的收盤價。

:: 你還在等低價，我已經在領股息

詭譎多變的股市中，的確會有「不合理的賣出」，例如存股被大盤拖累，而出現不理性的賣壓。這也是好公司遇到倒楣事時，價格突然變得甜美的原因。或是因為大盤系統性大跌，所以跟著一起跌所造成的價崩，但，這就和黑天鵝一樣，並不是靠等就一定等得到的。

當你耐著性子在等「股價」的當下，悟天每年都在領股利股息，持續降低成本。

當時間再久一點，存股的成本降到很低的時候，悟天要你想三件事，第一，你確定你的低點比我持有的降成本還低嗎？第二，你怎麼知道你買的是低點？第三，真的低點來時，你敢大量買進嗎？

　　所以，別再有一定要等低價才買進的迷思了，要買存股前，不如先問問自己：「我打算持有這支存股幾年？預約在幾年後的什麼價格買進？」比較實在。

 存股小語錄

　　股票下跌怎麼辦？照樣吃得好、睡得飽、有錢就加碼

5-7 除權息當天買進，是最佳買點？

有人說：「存股最好在除權息當天買進，因為股價會因配發現金股利和股票股利而下降，當天是近期的低價，到下次除權息前，不就可以享受中間的獲利了？」這個邏輯到底是對還是錯呢？

答案是，如果你喜歡在除權息當天買進，其實它和前一天買進，意義是一樣的喔。

如下圖，左邊是除權息前一日的價位，其實股價已經隱含著權息（深色部分）；而右邊則是除權息當天的價格，雖然股價下降了，

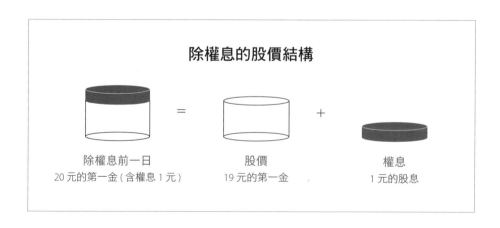

除權息的股價結構

除權息前一日	=	股價	+	權息
20 元的第一金（含權息 1 元）		19 元的第一金		1 元的股息

但是權息(深色部分)也分給你了,所以這兩天買進是一樣的道理(先不考慮所得稅的因素)。

這也是很多股友常說的,「除權息不過是左手換右手,自己發錢給自己」的概念。這樣你確定非得在除權息當天,才要買進嗎。

:: 提早買到「起漲點」有方法

很多存股在公布配股配息日期之後,就開始往上漲,一路漲到填去年的權息,依據這個特性,我們可以提早買在起漲點。

每年的 3 ~ 5 月,是很多存股公司公布今年度配發股息股利的時間,可密切注意配發的資訊,適時的買進,也許獲利要比除權息當天還要多喔,以下頁的圖來做例子,解釋給你看。

如果你習慣在除權息當天買進,那就是買在 B 處。但還原權值之後發現,若你可以買在 A 處,是不是會更好?

以存股來說,A 處很容易發生在每年 12 ~ 02 月,公司召開董事會,公布其通過今年度怎麼配發股利股息之前。雖然股利股息的正確數字,要等 6 月份召開股東會後確認,但通常不會和董事會後公布的數字,有太大的差異。

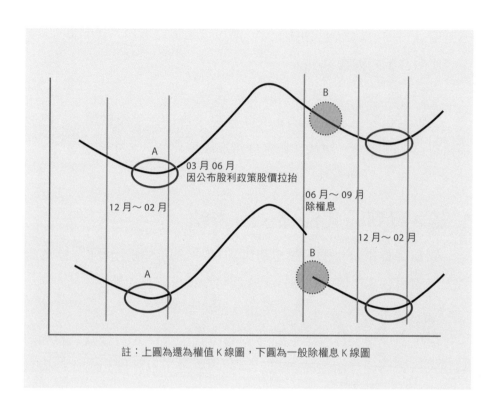

03 月 06 月
因公布股利政策股價拉抬

06 月～09 月
除權息

12 月～02 月

12 月～02 月

註：上圓為還為權值 K 線圖，下圓為一般除權息 K 線圖

　　所以很多存股族，會在這時候檢視手中的持股，是否要汰弱留強，才驀然發現股價往上走，因此要像悟天所說的，買在除權息當日，不如買在起漲時（每年 12 ～ 02 月）。

　　因為年底是各公司財報總體檢的時候，通常有呆帳或是任何虧損需提列，都會在年底一次呈現，而 1 ～ 2 月的工作日較少，所以業績表現平平，連帶 EPS 也不會亮麗，這時候買進，反而是全年最佳的時刻。

當然，每年狀況不一定一樣，這只是提供給讀者們參考，大家還是要自己下判斷喔。

 悟天存股小筆記

檢視存股的好時機

公司股東會通常在每年的 6 月份召開，而董事會則先於股東會舉行，時間點大約在 3 ～ 5 月，會議開完後，公布公司去年度盈餘的配股配息狀況。

一般來說，這是存股族檢視手中持股的好時機。且重要的是，很多股票會從公布配股配息的那一刻開始，「填去年」的除權息缺口。當然，若配股配息不盡如意，也會出現棄權息的賣壓。

所以，存股族除了關心公司業績、EPS 狀況之外，每年 3 ～ 5 月的新聞公告，也是檢視是否賣出、轉換，或繼續持有的時機點喔！

5-8　存股標的突然大漲，還能繼續買？

2018 年台股指數在萬點附近，以歷史線圖來看，持股滿檔是有風險的。而悟天說過，存股族不做違反人性的投資，所以當台股指數在萬點左右，還可以繼續存股嗎？

我主張在萬點依然能可以存股，因為存股從來不是討論價位的問題，而是股票本身價值的問題。所以你要問，是否了解自己在做什麼？知道什麼是存股嗎？現在存的是什麼？想不通，那可能永遠停留在「想」存股的階段。

如果你選擇的存股標的突然大漲，造成「目前買進需幾年到達淨值」超過 3 年，悟天建議，若你尚未持有這支股票，不妨先找找其他標的，因為它目前的價格超漲了。這會讓你降成本到淨值的時間增加許多。

不妨參照下圖，我們都寧願買在橢圓形虛線處，也不要買在橢圓形實線處，要怎麼判斷呢？

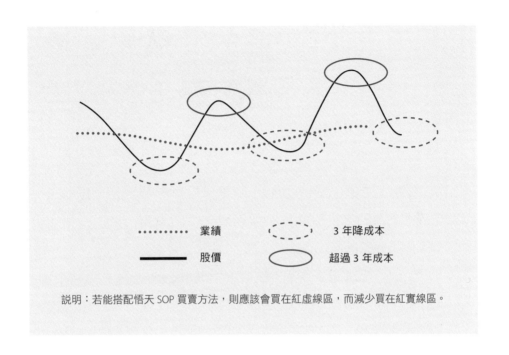

‥‥‥‥‥‥ 業績	⬭ 3 年降成本
▬▬▬▬▬ 股價	◯ 超過 3 年成本

說明：若能搭配悟天 SOP 買賣方法，則應該會買在紅虛線區，而減少買在紅實線區。

　　就用悟天教你的，「目前買進需幾年到達淨值」是否超過 3 ～ 6 年來計算。但這是對於新手而言，因為剛建立存股的部位，若一開始買在高檔區，雖然不會賠，但業績若沒有跟上，那降成本的時間會增加許多。

　　而最好的情形則是下頁圖，業績（點線）持續往上，我還是會買在橢圓形虛線處，雖然右邊的橢圓形虛線處價格比橢圓形實線處還高，那是因為業績（點線）上漲，讓「目前買進需幾年到達淨值」低於 3 年，所以又可以買進，換句話說，買賣股票要訓練自己不是看價格，而是看股價的價值！

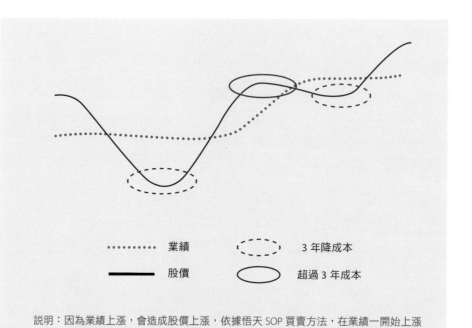

| ·········· | 業績 | ⬭(虛線) | 3 年降成本 |
| —— | 股價 | ⬭(實線) | 超過 3 年成本 |

說明：因為業績上漲，會造成股價上漲，依據悟天 SOP 買賣方法，在業績一開始上漲
　　　股價跟漲時，有可能不會買在實線圈處，但若業績穩定之後，還是會買在右邊
　　　的虛線圈處（就算股價比右邊虛線還要高），而這一切是因為「業績」為主。

　　如果是對於已經持有這檔存股很久的老手而言，當股價突然上漲時，因為你持有這支股票已經很長一段時間，持有成本已經降成本很多次了，照理來說，不論是持續買進或是停止買進甚至是「目前買進需幾年到達淨值」超過 6 年停利賣出，你都是屬於賺錢的狀態，但若是持續買進，則更需要專注於公司後續業績的表現是否有跟上，畢竟，業績才是存股族更要注意的指標！

5-9

定期定額買進存股
是好是壞？

以懶人投資的角度來說，選到好標的，然後持續買進，長期抱著的狀態，應該是可以獲利的。那定期定額不就符合這個模式嗎？理論上是的。但定期定額也有「盲點」，就是何時才應該定期定額。「何時」？這句話聽起來有些奇怪，那就用看的吧！

可以直接搜尋 GOOGLE 台股定期定額試算，進入元大證券網站，投資標的選擇「元大台灣 50」，投資金額點選 1 萬元，每月扣款 16 日，投資區帶自 2017 年至今，可以發現投資的成本和股價市值的曲線，經常重疊而拉不開，代表著以定期定額買股票，獲利賺錢的機會，其實不太多，萬一股價回檔，賠的風險可能反而更高。

定期定額到底好不好？我歸納了下列 4 點結論：

▶ 股價上漲時，定期定額可能讓你錯失良機。

▶ 股價下跌時，定期定額可以讓你拉低成本。

▶「時間」拉長來看，鐵定獲利，除非你都定期定額在「高檔」。

▶ 有時不如在好價位時，大量買進。

存的股票萬一
虧損倒閉怎麼辦？

　　我所推薦的存股，都不是隨隨便便挑選出來的股票，甚至很多存股都是帶有官股色彩的成份股，有政府的連帶保證，風險極低，如果你還這麼擔心存股會倒的話，可能定存比較適合你。

　　存股中有很多金融股的標的可以選，你寧願把錢放在銀行定存，也不願意把你的錢拿去投資賺取合理利潤的金融存股，這是不是有些奇妙？

　　你敢把錢放在銀行，讓銀行拿著你的錢去做投資（投資失利還可能會倒閉），然後只給你 1.05% 的利息，卻不敢把錢投資銀行的股票，讓銀行的員工花時間幫你賺錢，真令人想不透啊！

存股之道無他，唯手熟爾

雖然存股的觀念以及操作的手法，書中已有詳細說明，但你還是要熟練才行！套一句悟天喜歡說的話：專業的經營交給專業的公司團隊去經營、股價交給愛說故事的分析師去分析，而做個專業的存股投資者，顧好自己的本業和健康，一同享受正和投資的果實即可。

以下藉由賣油翁的故事鼓勵大家。

陳康肅公堯諮善射，當世無雙，公亦以此自矜。嘗射於家圃，有賣油翁釋擔而立，睨之，久而不去。見其發矢十中八九，但微頷之。康肅問曰：「汝亦知射乎？吾射不亦精乎？」翁曰：「無他，但手熟爾。」康肅忿然曰：「爾安敢輕吾射！」翁曰：「以我酌油知之。」乃取一葫蘆置於地，以錢覆其口，徐以杓酌油瀝之，自錢孔入，而錢不濕。因曰：「我亦無他，唯手熟爾。」康肅笑而遣之。

康肅公陳堯諮很會射箭，世上沒有第二個人能和他相媲美，而他也就憑著這項技術而自誇。有一次，他在家中的場地射箭，有個賣油的老翁放下擔子，站在那裡斜著眼睛看著他，很久都沒有離開。賣油的老頭看他射十箭中了八九成，也只是微微點點頭。

陳堯諮問賣油翁：「你也懂得射箭嗎？我的箭法不高明嗎？」

賣油的老翁說：「沒什麼，不過是手法熟練罷了。」

陳堯諮生氣地說：「你怎麼敢輕視我射箭的本領！」

老翁說：「憑我倒油的經驗，就可以懂得這個道理。」

於是老翁拿出一個葫蘆放在地上，把一枚銅錢蓋在葫蘆口，慢慢地用油杓舀油注入葫蘆裡，油從錢孔注入而銅錢卻沒有被油浸濕。

於是老翁說：「我也沒有別的厲害之處，只不過是熟練罷了。」

陳堯諮笑著將他送走了。

所以，「無他，唯手熟爾！」

相信很多在股市受過傷的人都覺得，為什麼靠股票賺錢會這麼難？但，悟天想說的是：「為什麼你非得用複雜的方式賠錢？也不願用簡單的方式賺錢？」

「我唱這麼走心 希望能走進你心裡。」誠心希望看完這本書的讀者，都能建立良好的存股觀念，建構出自己的買賣存股 SOP 流程，一同邁向財富自由的存股之路。

祝福大家！

第一次存股簡單上手

Step by Step！

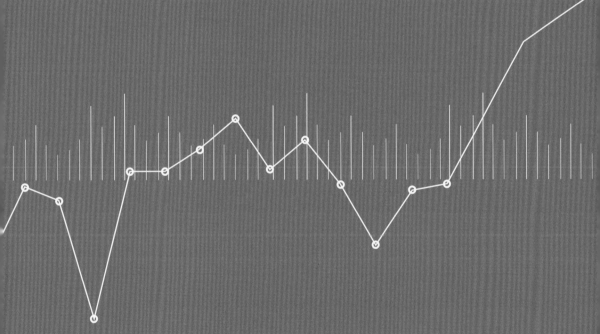

如果你是存股新手或是第一次投資買股票，甚至還沒有辦理開戶，沒關係，小資存股 SOP 很簡單，跟著我一步一步來，即能馬上上手喔！

事前準備
開辦存股帳戶

❶ 到證券公司開戶流程

ⓐ 準備雙證件、印鑑和現金（千元左右，開戶存款用）到「證券商」開戶。

ⓑ 填寫開戶相關資料，並且申請電子交易委託書，這樣才能直接用手機、電腦網路下單。

ⓒ 完成證券開戶後，營業員會請你到配合的銀行開立交割銀行帳戶。

❷ 網路或 app 開戶和下載程序

現在很多券商都可以在網路上、甚至是用手機 App 開戶，只要準備好證件，利用手機的拍照功能將資料上傳，就可以節省許多開戶的時間，十分簡易便利。

 若已有證券帳戶，可直接開始 STEP1 或使用 APP 下單

1 挑選你的優質存股

依照 5 個簡單法則挑選好股（做法詳見 116 頁）；也可以直接參考我為你篩選過的推薦存股名單（做法詳見 130 頁）

開完戶之後，就可以開始買進股票，下單的方法有很多種，投資人最常用的是：❶ 打電話給營業員（人工下單）❷ 操作看盤軟體（電子下單）。而我推薦使用看盤軟體操作（元大越是贏），較為省時、方便，電子下單手續費還有打折。

每家的看盤軟體大同小異，畫面基本上會有「報價區」、「走勢圖」、「五檔掛價」、「下單區」、「回報區」等。

2 怎麼下單

注意帳戶的存款

這一點非常重要！在下完單之後，要記得檢查帳戶是不是有足夠的錢，因為隔 2 個交易日就要交割扣款，若款項不足會造成違約交割。例如：星期二下單買股票，則最晚要在星期四上午 10 點前，把錢匯入開戶時的銀行戶頭，否則就會視同違約。

---

3 買賣股票

買賣股票時，只要在下單區輸入股票的「名稱或代號」，例如：想買第一金，就打出代號（2892），選擇「買進或賣出」，再輸入「張數」，以及想買賣的價格後，再按「下單」，就可以等待競價成交。

4 記錄自己的買進成本

可以用書中附贈的表格來計算買進成本，並做好記錄。但記得要累積一段時間。

5 設定目標，存 300 張金融股

300

依自己的能力和經濟階段來加碼（小資族先將存股當成存錢），每年投入 6 至 12 萬元都可以。

中產階級可以考慮投入更高的金額，一筆一筆加碼買進（領年終或其他獎金），提前為退休金準備。

6 何時適合加碼？

☑ 如果沒資金，可持續存零股。
☑ 也可定期定額，但不一定最有利。
☑ 使用悟天 SOP 建議買進價格以下也可以。
☑ 選定好股，隨時都可以買！

7 何時要「換股」？

當業績沒有改變，但股價高於「買賣SOP」中的建議賣出價格時，請考慮出脫手中持股，停利或是換股。

8 繼續存就沒錯！

慢慢來，反而快！悟天從 2015 年 1 月開始存股，只是遵照買賣 SOP 流程嚴格的執行買賣動作，目前年化報酬率約 13%。

9 領到股利和股息

在 300 張以前，建議將領到的股利股息持續滾入，好讓複利達到最大成效！而達成 300 張金融存股後，每年大約可以領到 36 萬元的股利，每個月平均 3 萬元！

10 存到 500 張（提早財務自由）

若能存到 500 張金融股，原則上可以年領約 60 萬的股利，平均每個月 5 萬元，已經達到退休的基本門檻，近乎財務自由！當然，你可以選擇繼續上班，使資產持續擴張，讓存股默默幫你賺錢！

0HDC0001

存股輕鬆學

4 年存 300 張金融股，每年賺自己的 13%

作　　者：孫悟天
責任編輯：林麗文
校　　對：羅煥耿
封面設計：倪旻鋒
內頁排版：王氏研創藝術公司
印　　務：黃禮賢、李孟儒

出版總監：黃文慧
副 總 編：梁淑玲、林麗文
主　　編：蕭歆儀、黃佳燕、賴秉薇
行銷企劃：林彥伶、朱妍靜

社　　長：郭重興
發行人兼出版總監：曾大福
出　　版：幸福文化/遠足文化事業股份有限公司
地　　址：231 新北市新店區民權路 108-1 號 8 樓
網　　址：https://www.facebook.com/
　　　　　happinessbookrep/
電　　話：(02) 2218-1417
傳　　真：(02) 2218-8057

發　　行：遠足文化事業股份有限公司
地　　址：231 新北市新店區民權路 108-2 號 9 樓
電　　話：(02) 2218-1417
傳　　真：(02) 2218-1142
電　　郵：service@bookrep.com.tw
郵撥帳號：19504465
客服電話：0800-221-029
網　　址：www.bookrep.com.tw
法律顧問：華洋國際專利商標事務所 蘇文生律師
印　　刷：通南印刷股份有限公司
電　　話：(02) 2221-3532
初版一刷：2019 年 9 月
初版30刷：2021 年 8 月
定　　價：380 元

特別聲明：有關本書中的言論內容，不代表本公司/出版集團之立場與意見，文責由作者自行承擔

國家圖書館出版品預行編目資料

存股輕鬆學 / 孫悟天著 . -- 初版 . -- 新北市 : 幸福文化出版 : 遠足文化發行 , 2019.09
ISBN 978-957-8683-53-2(平裝)
1. 股票投資 2. 投資技術 3. 投資分析

563.53   108008595

Printed in Taiwan   著作權所有 侵犯必究   ※ 本書如有缺頁、破損、裝訂錯誤，請寄回更

投資先生APP

選股下單就是這麼簡單!

智能選股

快速下單

專家解盤

直覺操作

元大證券(股)公司 │ 許可證號：108年金管證總字第0022號 │ 台北市中山區南京東路三段225號13、14樓 │ 電話：(02)2718-5886

元大金控 │ 元大證券

圓 您 最 大 的 夢 想